Campingfieber –
Geschichten vom Campingplatz

Von Marc Wünderling

AF282373

Campingfieber

Geschichten vom Campingplatz

Von
Marc Wünderling

Herstellung und Verlag:
BoD – Books on Demand, Norderstedt
ISBN: 9783757817930

Inhalt

Campingfieber – Geschichten vom Campingplatz

Vorwort

Nachdem mein erstes Buch zum Thema Camping recht erfolgreich war, wollten meine Freunde, Verwandte und Leser eine Fortsetzung.

Eine normale Fortsetzung war mir aber nicht angemessen. Warum sollte ich noch einen Campingratgeber schreiben. Viel interessanter fand ich die Idee, die an mich herangetragenen Geschichten und auch das Selbsterlebte aufzuschreiben.

In diesem Buch habe ich natürlich wieder mit viel Humor Geschichten rund um das Thema Camping aufgeschrieben.

Von wem die einzelnen Erlebnisse stammen, wollte ich nicht aufführen, da es sowieso in meinen Augen keinen Sinn ergibt, ob bei der Story dann „erlebt von Herrn/Frau X aus Y" steht oder nicht.

Das an mich herangetragene wurde natürlich mit schriftstellerischen Freiheiten etwas ausgeschmückt, da ich bei solchen Erzählungen mit Freunden und Bekannten meinem Gegenüber kein Diktiergerät unter die Nase halten wollte. Dabei sind halt immer wieder mal bei mir Erinnerungslücken entstanden, die dann von mir frei aufgefüllt wurden.

Trotzdem bin ich der Meinung, dass ich den Sinn jeder Geschichte weitergeben konnte.

Sollten auch Ihnen, liebe Leser, noch die eine oder andere Story am Herzen liegen, dann bitte ich doch sehr gerne um ein ausgeprägtes Mitteilungsbedürfnis an meine E-Mail: autor@wuenderling.com oder über meine Homepage www.wuenderling.com. Vielleicht bekomme ich ja noch Lust ein weiteres Buch zu schreiben…

Ansonsten wünsche ich nun frohes Lesen.

MARC WÜNDERLING

Ein Wochenende in Frankreich

Es ist schon einige Jahre her, als ich mit meinem Kumpel Stefan auf Erkundungstour ging. Wir waren beide Anfang 20 und durften ein Wochenende mit dem Wohnmobil seiner Eltern unterwegs sein. Da wir nicht allzu entfernt von Frankreich wohnten, entschlossen wir uns zu einem Kurztrip in das Land zwischen Ärmelkanal und Mittelmeer. Oder wie Stefan meinte, zwischen Asterix und Monte Carlo. Und da gab es nichts zu widersprechen. Stefan, so gerne ich ihn auch mochte, hatte immer Recht. Er wusste alles, meistens auch noch besser und nur seine Meinung war ausschlaggebend.

Gut, kann ich mit leben. Keine Verantwortung, kein Planungsstress oder sonstige Aufgaben, über die ich mir einen Kopf machen musste. Einfach entspannen und Stefan machen lassen.

Seinerzeit waren die Navis noch nicht so verbreitet. Das lag unter anderem daran, dass es für Normalsterbliche einfach noch keine gab. Auch Handys waren seinerzeit noch nicht erfunden. Hätte ich mich um die Reiseplanung kümmern sollen, so hätte ich auf jeden Fall einen Straßenatlas mitgenommen. Stefan brauchte das aber nicht. Er kannte sich aus.

Monte Carlo wurde es zwar nicht, aber wir fanden immerhin die Vogesen. Das Geld war knapp und die Zeit ebenfalls und somit war das französisch genug. Es sollte ein schönes Wochenende werden, bei dem wir uns Colmar ansehen und gleichzeitig auch das mitgebrachte Bier vernichten wollten. Colmar hatte den Vorteil, dass hier im Elsass noch jeder zweite Einwohner Deutsch konnte. Das kam unseren semiüppigen Sprachkenntnissen deutlich entgegen.

Wir hatten uns einen schönen Platz in der Nähe des Stadtzentrums an einem kleinen Wohnmobilstellplatz direkt am Hafen ausgesucht. Es war recht idyllisch, wobei uns das damals noch nicht so wirklich interessierte.

Es war Anfang Februar. Die Camper, welche jetzt schon unterwegs waren, sonnten sich entweder in warmen Gefilden oder froren beim extremen Wintercamping. Das war aber eher die Ausnahme. Doch wer bereits an Neujahr die Gartengrillsaison einläutet, der kann auch im Februar schon campen.

Wir waren jedoch nicht ganz alleine, sondern im Gegenteil, es war recht voll hier. Deutete doch das Einfahrtsschild noch auf einen Wohnmobil-Stellplatz hin, so standen hier bestimmt 20 Wohnwagen mit Kindern, Sat-Anlagen und

Waschmaschinen. Die Waschmaschinen waren immer neben den Wohnwagen aufgestellt. Es standen auch einige große Mercedes-Limousinen auf dem Platz. Klar, das fahrende Volk braucht auch im Winter Stellmöglichkeiten.

Stefan fing gleich an herumzutoben. Er wollte weiter und nicht den Platz mit Zigeunern teilen. Um aber weiterzufahren war es schon zu spät. Es war schon kurz vor acht Uhr am Freitagabend und wir würden wohl keinen anderen Platz mehr finden. So blieben wir.

Mit dicken Jacken setzten wir uns auf die mitgebrachten Campingstühle vor das Wohnmobil und starteten unsere Mission „Bierfreies-Wohnmobil". Eine Herausforderung, die wir bis zum Sonntag in den frühen Morgenstunden abgeschlossen haben wollten. Schließlich sollte der Promille-Pegel bis zur Abfahrt zumindest einigermaßen in den tolerierbaren Bereich absacken.

So kam es, dass wir unsere Büchsen eine nach der anderen leerten. Damals wurde noch das Bier aus Büchsen getrunken und es gab noch kein Büchsenpfand.

Wir waren bestimmt schon in der vierten oder fünften Runde, als ein paar unserer Mitcamper sich zu uns gesellten. Sie waren ungefähr in unserem Alter. Sie hatten Wein dabei und brachten ihre Stühle mit. Um es gemütlicher zu gestalten zündeten Sie auch gleich ein kleines Lagerfeuer an und wir unterhielten uns den ganzen Abend mit ihnen.

Stefan war eher fremdenfeindlich eingestellt, was er auch peinlicherweise immer mal wieder beweisen musste, aber durch den steigenden Alkoholpegel hielt es sich in Grenzen.

Jeder verträgt den Alkohol anders. Während ich eher ruhiger werde, war es bei Stefan gerade anders herum. Er hörte gar nicht mehr auf zu erzählen. Auch als unsere Saufkumpanen bereits schon lange gegangen und das Feuer verglimmt war, redete er in einer Tour. Ich hatte schon lange aufgehört ihm zuzuhören, da er sowieso nichts Geringeres als den Weltfrieden und seinen Weg dorthin propagierte. Klar, er würde der nächste Bundeskanzler, der nächste UN-Generalsekretär und der oberste Anführer einer Institution werden, die es bis dato noch gar nicht gab.

Irgendwann, es war schon so früh am Morgen, dass der Verkehr auf der gegenüberliegenden Straße bereits wieder zunahm, entschieden wir uns dann doch mal an der Matratze zu horchen. Obwohl wir die ganze Nacht durchgetrunken hatten, war noch keiner von uns im Wohnmobil auf der Toilette gewesen. Ich wusste nicht, wie das in einem Wohnmobil funktioniert und Stefan, ... wer weiß. Auf jeden Fall hatten wir bis zu diesem Zeitpunkt immer nur das Hafenbecken aufgefüllt. Unsere Trinksportfreunde hatten das schließlich auch den ganzen Abend gemacht.

Es war bereits kurz nach Mittag, als wir langsam wach wurden. Die Blase drückte, aber nun war es hell und wir konnten nicht wieder an die Kaimauer gehen. Schließlich erklärte mir Stefan dann doch, wie diese primitive Campingtoilette funktionierte. Es hatte etwas von Bettpfanne mit der Kassette unten daran...

Gut, dass wir nicht mehr unsere Outdoor-Toilette genutzt hatten. Mir war bereits in der Nacht aufgefallen, dass der Strahl irgendwie nicht im Wasser plätscherte, so wie ich es eigentlich erwartet hätte. Nun bei Tageslicht konnte ich auch erkennen, warum es sich anders angehört hatte. An der Stelle, die wir des Nachts genutzt hatten, war ein Sportboot angebunden, welches wir nun ausgiebig gegossen hatten. Wir konnten nur froh sein, wenn der Regen unsere Hinterlassenschaften wegspülen würde.

Wenn man schon mal in einer Stadt wie Colmar verweilte, dann konnte man sich auch die Stadt mal ansehen. Jedenfalls, der verhältnismäßig kurze Fußmarsch warf uns alkoholtechnisch um Stunden zurück und resettete uns praktisch wieder. Die erste Bäckerei, und es gab richtig viele davon hier, war unsere. Erstmal ein schöner Kaffee, ein Croissant und noch irgendetwas Süßes, dann konnte der Tag beginnen.

Wir schlenderten durch die Altstadt und bewunderten die Gassen. Auch der Bach, oder war es schon ein Fluss, der durch die Stadt floss, begeisterte uns. Es lagen sogar mehrere Holzgondeln im oder unter Wasser – Sportboote – tiefergelegt!

In einer alten Markthalle deckten wir uns noch mit anderen kulinarischen Köstlichkeiten der Region ein und machten uns wieder auf in Richtung Wohnmobil. Da aber unverzeihlicher Weise überall einladende Kneipen waren, konnten wir einfach nicht den direkten Weg einschlagen. Wir mussten die hiesige Kneipenkultur dringend testen. Das zog sich auch so den ganzen Nachmittag hin. Erst als wir irgendwann mal an unsere Mission „bierfreies Wohnmobil" dachten, bewegten wir uns wieder an die frische Luft.

Wer schon einmal in Colmar war, der erinnert sich sicherlich an die vielen Gassen und verwinkelten Straßen. Wir hatten uns verlaufen, obwohl Stefan sich das nicht eingestehen wollte. Er wusste angeblich den Weg und ging voran. Wir liefen wiederum im Zick-Zack durch die Gassen und kamen irgendwann auch wieder an einen tieferen Fluss mit einem leeren Parkplatz. Ich erkannte zwar, dass wir hier falsch waren, aber Stefan wollte das nicht einsehen. Lauthals schrie er nach der Polizei. Man hatte uns das Wohnmobil geklaut. Das müssen die Zigeuner gewesen sein!

Durch sein Geschrei wurden auch die Passanten und Anwohner aufmerksam. Wir waren zwar nicht mehr in der Stadtmitte, aber es war immer noch etwas Betrieb um uns herum. Immer lauter wurde Stefan und führte einen Affentanz auf. So kam es, wie es kommen musste. Ein Streifenwagen hielt mit Blaulicht neben uns. Stefan war immer noch außer sich und ließ einen gewaltigen Wortschwall auf den jungen Polizisten ab, der bedauerlicherweise als erster auf ihn zukam.

Wir waren in Frankreich und wenn dort ein junger Mann auf Deutsch in cholerischer Art und Weise einen vermeintlichen Diebstahl schilderte, dann war es für einen jungen Polizisten nicht ganz einfach eine Lösung zu finden. Glücklicherweise war der junge Polizist nicht alleine. Ein altgedienter Kollege kam nun um das Auto herum, der auch unsere Sprache beherrschte. Wenn jemand aus dem Elsass Deutsch spricht, dann hat das in meinen Ohren immer so einen niedlichen Akzent. Jedenfalls konzentrierte ich mich mehr auf den Akzent, als um den Inhalt seiner Worte. Man darf ja unsere Kneippenkur nicht vergessen...

Stefan lederte wieder von vorne los, dass die dreckigen Zigeuner unser Wohnmobil geklaut hätten. Der ältere Polizist verstand aber nicht, was Stefan mit Zigeunern meinte, denn an dieser Stelle gab es keine Wohnmobile und kein fahrendes Volk.
„Was für Zigeuner meinen Sie, junger Mann?"
„Na Zigeuner halt. Arbeitsscheues, osteuropäisches Nomadenvolk mit diverser Auffassung von Privateigentum – Z I G E U N E R !!!"
„Hier sind aber keine Sinti oder Roma", der Polizist blieb immer noch ruhig. „Wir haben am Hafen eine Gruppe vom Fahrenden Volk, aber nicht hier."

Stefan verstand erst nicht und schaute irritiert zu mir herüber. Ich war aber immer noch beseelt von diesem komischen Akzent und grinste nur grenzdebil.

„Steigen Sie mal ein. Ich glaube, ich kenne ihr Malheur. Sie haben da einen kleinen Fauxpas."

„Aber ich bin nicht der Verbrecher. Die Zigeuner müssen sie einsperren. Wo auch immer die jetzt sind."

„Ich glaube, ich weiß wo sie sind und auch wo ihr Wohnmobil steht. Wir bringen sie hin."

Mir fiel in diesem Moment nur ein: „Fahren wir auch mit Blaulicht?"

Gut, dass war sicherlich nicht mein erwachsenster Moment, aber immerhin hatte ich mich auch an dem Gespräch beteiligt.

Wir saßen hinten im Wagen und wurden durch die halbe Stadt gefahren. Ständig war am Funk etwas in einer für uns fremden Sprache zu hören. Auch der junge Polizist sagte irgendetwas und bekam auch wohl Antwort darauf. Jedenfalls sagte er seinem Kollegen etwas auf Französisch, worauf er das Blaulicht und die Sirene anmachte.

„Au fein! Warum nicht gleich so," freute ich mich.

Wir kamen dann auch bald an unserem Stellplatz an. Unser Wohnmobil stand dort und auch das Fahrende Volk war noch da. Es war aber ein großer Aufstand und alle standen im

Kreis vor unserem Wohnmobil. Dafür lag ein Mann im Dreck und zwei unserer Nachbarn hielten ihn am Boden.

„Was ist denn hier los?" Stefan war zwar die Fahrt über recht kleinlaut gewesen, fand aber jetzt zu seiner alten Form zurück.

Der Polizeiwagen hielt genau neben unserem Wohnmobil und ich dachte erst, dass das ein prima Service von Seiten der französischen Polizei sei. Ich hatte die Szene noch nicht kapiert und stieg nun aus. Ich reichte mir über meinem Kopf die Hände, wie es gerne Politiker nach gewonnenen Wahlen taten und wollte mich von unseren Nachbarn feiern lassen, aber keiner reagierte auf mich. Es war wieder Stefan, der sich in den Mittelpunkt stellte. Er quetschte sich durch die Menge und kam dann an den beiden Helden an, die immer noch den anderen Mann im Dreck hielten.

Gerade hoben die beiden Polizisten den Mann auf und stellten alle Beteiligten zur Rede. Es war immer noch recht undurchsichtig für meinen Alkoholpegel. Stefan hatte sich aber wohl erklären lassen, was los sei und wollte dem gerade noch auf dem bodenliegenden und nun vor den Polizisten stehenden Mann eine gerade Rechte an den Kinnwinkel verpassen. Allerdings wich der Mann mit einer kleinen

Bewegung zur Seite und Stefans Schwinger ging ins Leere. Ein erheitertes Raunen ging durchs Publikum. Bevor er aber zum zweiten Versuch ansetzen konnte, hielt ihn einer unserer Saufkumpanen vom Vorabend zurück.

„Alles gut, Monsieur Stefan, die Gendarmerie ist da"

Stefan rappelte sich wieder zurecht. Er riss sich los, machte aber keine Anstalten mehr für eine Zugabe. Stattdessen ging er zum Wohnmobil und tauchte gleich danach mit zwei Dosen Bier auf.

„Komisch, die Tür war auf." Sagte er zu mir und drückte mir eine Dose in die Hand.
„Kann sein, dass der Mann bei uns sauber machen wollte…"

So kam es dann auch. Wie sich bald herausstellte, hatten unsere Freunde einen Dieb auf frischer Tat ertappt. Da wir uns am Vorabend ausgiebig bekannt gemacht hatten, wussten unsere drei Freunde, dass das Wohnmobil uns gehörte. Als sie dann sahen, dass jemand Fremdes die Tür aufgebrochen hatte, waren sie herüber geeilt und hatten ihm unmissverständlich klar gemacht, dass ein Einbruch nicht sonderlich erstrebenswert ist.

Was mich im nachhinein gewundert hatte war, dass sie überhaupt die Polizei gerufen hatten und dass nicht alleine mit einem Bad im Hafenbecken für den Einbrecher klärten.

Die Gendarmerie erkundigte sich bei uns, ob wir einen Schaden am Wohnmobil hätten, was zum Glück nicht der Fall war, und nahmen den Mann mit.

„Ob die Polizisten immer mit Gesellschaft fahren? Erst wir, dann er..." sinnierte ich in die Runde.

Egal, wir boten aus Dankbarkeit unseren Unterstützern, die jetzt nach der Abfahrt der Polizei doch auf rund 30 Mann angewachsen waren, unsere letzten beiden Paletten deutsches Büchsenbier an. Doch nur ein halbes Dutzend Dosen fand einen Abnehmer. Wir wurden dafür eingeladen uns zu der restlichen Familie zu setzen. An diesem Abend lernten wir, dass das Fahrende Volk doch recht umgänglich sein kann, sobald man sie etwas näher kennenlernt und Stefan nicht allzu offensiv seine Meinung vertrat.

Wir feierten noch lange in die Nacht mit dem Wein, der uns ohne Unterlass angeboten wurde. Die Speisen waren köstlich. Noch nie hatte ich eine solche Art der Küche genossen.

Wir lernten, dass ein Roma, so bezeichneten sie sich, niemals eine Toilette im Wohnwagen hat. – Wer pinkelt auch schon in seinem Schlaf- oder Wohnzimmer. Es wurde aber in dieser Nacht darauf geachtet, dass keiner in einem speziellen Moment wieder ein Boot mit seinem erwärmten, gelben Strahl beglückte.

Auch dieser Abend wurde somit länger und länger. Wir kamen wieder erst in den frühen Morgenstunden ins Bett und wachten deshalb auch entsprechend spät wieder auf. Wir sahen gerade noch, wie die letzten Wohnwagen den Platz verließen. Ein kurzes Hupen und weg waren sie.

Wir jedoch schlenderten wieder zu unserer Bäckerei vom Vortag und achteten peinlichst genau darauf, dass wir auch wieder den Rückweg finden würden.

Als wir dann so beim Frühstück saßen, meinte Stefan nur: „Unsere Mission ist gescheitert. Was machen wir nun?"
„So können wir uns doch nicht zuhause blicken lassen."
„Ich frage mal, ob es schlimm ist noch einen Tag dranzuhängen."
„Gut mach das. Aber ich muss mich dann gleich morgen früh bei meinem Chef krankmelden."

„Ok, das wird nicht mal gelogen sein. Es wird bestimmt eine Alkoholvergiftung werden. Unsere Freunde haben uns noch drei Flaschen Wein dagelassen."

Die Sporties und der Einzelkämpfer

Wir standen schon eine ganze Weile auf dem Campingplatz mitten in der Rhön. Es war recht ruhig hier und außer Wandern und Radfahren konnte man hier auch nichts unternehmen. Wir genossen die Ruhe.

Neben uns hatte auch ein Pärchen in ungefähr unserem Alter seinen Wohnwagen und ein Vorzelt aufgebaut. In den letzten Tagen waren wir ins Gespräch gekommen und hatten uns angefreundet. Auf jeden Fall hatten wir den ganzen Nachmittag mit ihnen zusammen im Vorzelt gesessen und tranken Wein und Bier. Es regnete in Strömen und was sollte man auch sonst machen.

Wie es der Zufall wollte, kamen fast zeitgleich zwei Wohnwagen mit Neuankömmlingen an. Wir schauten uns das Rangieren an. Beide stellten sich nicht sonderlich geschickt an, jedoch war jeder für sich ein Bild für die Götter.

Der Erste schaffte es so anzuhalten, dass zwischen seinem Zugfahrzeug und dem Wohnwagen genau eine Bodenwelle war. Genau dort kuppelte er ab. Erst als der Wohnwagen mit der Deichsel am Boden aufschlug merkte er, dass er vergessen hatte das Bugrad herunter zu kurbeln. Nun holte er dies nach und schaffte es unter größten Anstrengungen, da, wie erwähnt, er auf einer Bodenwelle stand. Er fuhr nun sein Auto zur Seite und begann von Hand den Wohnwagen an die gewünschte Stelle zu schieben.

Obwohl der Wohnwagen ein neueres und recht großes Modell war, hatte er keinen Mover dran. Normal springe ich in solchen Momenten sofort ungefragt auf, um zu helfen. Aber es regnete in Strömen…

„Ich würde den Wohnwagen erstmal hinstellen und später, wenn der Regen aufgehört hat ordentlich ausrichten." rief ich hinüber.
„Nein, nein, der Regen ist kein Problem."

Der Mann hatte noch ganz andere Probleme. Der Regen hatte nicht nur den Boden aufgeweicht, sondern auch mit der Ausrichtung hatte er so seine Probleme. Der Wohnwagen bewegte sich nicht.

„Handbremse!"
„Oh, danke."

Nun stemmte er sich mit aller Kraft gegen den Wohnwagen, um ihn auch nur ein bisschen zu bewegen. Unsere Freunde, meine Frau und ich tranken weiter unseren Wein und beobachteten die Szene aus dem Trockenen.

„Also lange schaue ich mir das nicht mehr an. Der arme Mann ganz alleine…"

In diesem Moment stiegen seine Mitreisenden aus. Eine Frau, dem Alter nach wohl seine Frau. Eine junge Frau/Mädchen, die wohl seine Tochter war, ein junger Mann, der wohl der Freund der Tochter war und noch zwei Jungs die im Teenageralter steckten. Also war genügend Hilfe vor Ort. Wir verließen gedanklich die Szene und schauten uns die anderen Neuankömmlinge an.

Ein junges Pärchen, extrem sportlich gekleidet – genau so stelle ich mir sportliche Wohnwagen-Gespannfahrer vor – bugsierten ebenfalls per Hand den Wohnwagen an die gewünschte Stelle. Immer vor und zurück und wieder vor und zurück. Die beiden versuchten den Wohnwagen auf einen Auffahrkeil für Wohnmobile heraufzuschieben. Mit bedingtem Erfolg. Erst nach einer ganzen Weile fanden Sie endlich ein Holzbrett, welches besser passte als der Auffahrkeil. Das Brett hatte schon der ehemalige Stellplatznutzer verwendet und vergessen mitzunehmen.

Nun ging es leichter. Die weibliche Sporti stellte sich aber geschickter an, als der männliche

Sporti. Frau Sporti dachte immer daran die Handbremse zu lösen, wenn beide wieder versuchten den Wohnwagen zu bewegen. Herr Sporti war da nicht so clever.

Als der Wohnwagen nun endlich auf dem Holzbrett stand – Frau Sporti kontrollierte das von der Seite, vergaß Herr Sporti dabei die Handbremse wieder anzuziehen. Der Wohnwagen rollte aus der perfekten Position wieder zurück. Und alles nochmal von vorne!

Es regnete weiter und die Mitreisenden unseres ersten neuen Nachbarn brachten es fertig sich nun unter zwei Regenschirme zu verteilen, während das Familienoberhaupt sich weiter nach allen Kräften im Regen mit dem Wohnwagen abrackerte.

„Wollte ihr eurem Vater nicht helfen?" rief ich herüber.

Kein Problem, der junge Mann gehorchte und hielt nun den Regenschirm über den Kopf des immer noch wacker schaffenden Familienoberhauptes.

„Iiiih, jetzt werde ich nass!" schrie aber jetzt seine Angebetete.

Er eilte zurück und hielt den Schirm wieder über den Kopf seiner Freundin. Tja, es ist nun mal schwierig es allen recht zu machen. Meine Frau und unser Freund konnten sich das Drama nicht mehr länger ansehen und gingen hinaus in den Regen, um dem älteren Mann zu helfen. Auch jetzt stand seine Reisebegleitung nur weiter unter den Regenschirmen und schaute zu.

Gemeinsam konnte nun der Wohnwagen bewegt und an die geplante, optimale Stelle ausgerichtet werden. Ich sah es einfach nicht ein zu helfen, wenn die Familie danebensteht und nur zuschaut. Wäre ich mit meinem Weinglas in den Regen gelaufen, hätte ich nachher wohl noch eine Schorle gehabt…

Der Wohnwagen war nun einzugsbereit. Der ältere Mann war irgendwann, als wir die Sporties angeschaut hatten, wohl in den Matsch geflogen. Auf jeden Fall fiel mir jetzt auf, dass seine Hose und sein Hemd arg verschmutzt waren. Seine Frau war indes bereits dabei in den Wohnwagen zu steigen. Wohlgemerkt, die Stützen waren noch nicht ausgefahren. So kam es, dass der Wohnwagen sich langsam aber stetig an der Deichsel anhob. Nun merkte es die Dame und kam blitzschnell und schreiend aus dem Wohnwagen wieder heraus.

„Warum hast du die Stützen noch nicht heraus gekurbelt? Ich hätte fast einen Herzinfarkt bekommen!"

„Ich bin noch dabei den Strom anzuschließen und das Gas aufzudrehen. Die Stützen kommen jetzt."

„Aber siehst du nicht das es regnet? Ich will ins Trockene."

Ungläubig schaute ich nun meine Frau und unsere Freunde an, die schon wieder ins Vorzelt zurückgekehrt waren. Der Mann hatte nun alle Stützen herunter gekurbelt und fein säuberlich mit der Wasserwaage den Wohnwagen ausgerichtet. Seine Frau und der Anhang waren bereits im Wohnwagen. Nun wollte er ihnen folgen.

„So kommst du mir nicht hier herein! Du bist nass und deine Sachen sind schmutzig. Warum hast du dich auch in den Dreck werfen müssen?"

Das war der Moment, bei dem ich allerspätestens mich ins Auto gesetzt hätte und alleine in ein Hotel gefahren wäre. Nicht aber dieser Mann. Er fügte sich. Leider erlebten wir von dieser Familie in den nächsten Tagen keine Unterhaltung mehr. Aber wir hatten ja noch unsere Sporties...

Herr Sporti war wohl verdonnert worden den Wassertank aufzufüllen, während Frau Sporti im Wohnwagen verschwunden war. Wir hatten den Eindruck, als ob Frau Sporti etwas mehr Ahnung von der Materie und dem Leben im Allgemeinen hatte. Jedenfalls lief Herr Sporti am ersten öffentlichen Wasserhahn vorbei. Wahrscheinlich hatte er ihn nicht gesehen. Auch am zweiten öffentlichen Wasserhahn ging er vorbei. Er fand die Wasserstelle auf einer Komfort-Parzelle und machte dort den Wasserschlauch ab, der bereits an dem Wasserhahn angeschlossen war. Das dieser Schlauch zu dem Wohnwagen gehörte, der auf dieser Komfort-Parzelle stand, interessierte ihn wohl nicht. Später merkten wir, dass er es wohl einfach nicht begriffen hatte, wie so ein Campingplatz funktioniert.

Jedenfalls füllte er seine Gießkanne und kehrte zurück. Das Wasser lief unterdessen weiter aus dem Wasserhahn. Er hatte den abgezogenen Schlauch auch nicht wieder dran gemacht. Dieses Spielchen wiederholte sich 3-4 Mal, bis der Wassertank der Sporties aufgefüllt war. Nun lief der Wasserhahn immer noch weiter und unsere Freundin rief zu ihm herüber, dass er den Wasserhahn wieder abdrehen oder den Schlauch wieder befestigen sollte. Er trottete hoch und tüftelte am Wasserhahn herum. Unverrichteter Dinge kam er wieder zurück und meinte nur, dass er es nicht hinbekommen würde. Er rief nach Frau Sporti. Frau Sporti schaute aus dem Wohnwagen und er schilderte ihr sein Problem. Daraufhin ging Frau Sporti zu dem Wasserhahn, machte sich daran zu schaffen und steckte den abgezogenen Schlauch wieder an. Problem gelöst. – Vorerst!

Herr Sporti glänzte in der Folge mit weiteren Unfähigkeiten. Erst brachte er es nicht fertig den Wassertank am Wohnwagen wieder zu verschließen, dann bekam er den Gaskasten nicht auf und schließlich konnte er die Spanngurte nicht lösen, mit dem zwei Surfbretter auf dem Dach befestigt waren. Immer konnte ihm Frau Sporti helfen.

„Man, muss der gut im Bett sein", raunte meine Frau in unsere Runde. Wir lachten und stimmten ihr zu.

Vielmehr passierte nun nicht mehr. Nur das es aufhörte zu regnen.

Am nächsten Tag stand ich so gegen 9 Uhr auf, um im Backshop die Brötchen zu holen. Beide Sporties waren ebenfalls schon wach und kamen gerade von Ihrer Joggingrunde zurück. Sie war tadellos mit knappen Höschen und Sport-Topp bekleidet und er war nur in Turnhose und mit freiem Oberkörper unterwegs.

Gut zugegeben, ich hatte niemals so eine Figur. Aber dafür konnte ich länger ausschlafen.

Wie es sich aber für einen richtigen Sportler gehörte, war Herr Sporti mit vielen bunten Kinotapes beklebt. Es sah schon sehr spektakulär aus. Bestimmt wäre er gerne ein Profisportler, unser Herr Sporti...

Den ganzen Tag waren die beiden Sporties mit irgendwelchen anstrengenden Aktivitäten beschäftigt. Die Surfbretter vom Dachgepäckträger standen zwar nur herum, da es hier keine Möglichkeit gab zu surfen, aber die Fahrräder wurden benutzt, ein Federballset wurde benutzt und ein Volleyball kam auch zum Einsatz. Alleine vom zuschauen bekam ich schon Muskelkater und konzentrierte mich lieber auf mein Weinglas. Mein Sport war es vom Wein auch mal auf ein herzhaftes Grillsteak umzusteigen.

Das Wochenende ging zu Ende und die sechsköpfige Familie begann zusammen zu packen. Wieder schauten Fünf zu, während das Familienoberhaupt sich um alles kümmerte. Da es heute nicht regnete, half auch ich mit den Wohnwagen in Richtung Anhängerkupplung zu manövrieren. Nachdem seine Frau bereits wieder zu nörgeln begann, wann es endlich losginge, hörten wir nur von ihm, dass wenn ihm mal geholfen worden wäre, es viel schneller gehen würde. Oha, gab es hier etwa eine Aussprache, die wir nicht mitbekommen hatten?

Alle waren bereits eingestiegen, da stieg der ältere Herr nochmals aus, ging an den Kofferraum und brachte uns vier Flaschen Bier und bedankte sich für unser Hilfe. Das war doch mal ein versöhnlicher Abschluss.

Auch die Sporties bauten ab. Hier war es ein komplett anderes Bild. Frau Sporti gab die Anweisungen und Herr Sporti setzte alles in den Sand. Wieder hatte er Probleme den Gaskasten aufzubekommen. Er suchte eine Pumpe, um den Wassertank auszupumpen, wie wir mitbekamen. Daraufhin öffnete Frau Sporti von innen das Ventil und der Wassertank entleerte sich. Nun wollte er die Fahrräder auf das Dach des Autos stellen. Vergas aber, dass dort die Surfbretter hingehörten, denn die Fahrräder waren auf einem Fahrradträger auf der Deichsel montiert.

Dies alles schaffte er wieder mit freiem Oberkörper. Meine Frau meinte nur, dass ihr wenigstens auch etwas bei dieser Theateraufführung geboten würde.

Frau Sporti konnte ihn aber überzeugen, dass die Surfbretter wieder auf das Dach gehörten. Gemeinsam hoben sie die Bretter wieder auf das Autodach. Wie auch immer hatte es Herr Sporti geschafft, die Spanngurte zu verknoten. Auch hier musste ihm Frau Sporti wieder helfen und entknotete sein Kunstwerk. Allerdings hatte auch sie nun Probleme die Spanngurte richtig zu verschließen. Aber anstatt irgendeinen Blödsinn zu machen, rief sie per Telefon jemanden an, der Ahnung hatte. Jedenfalls konnte sie das Problem einwandfrei lösen.

Letztendlich kuppelte sie das Auto wieder an. Herr Sporti versuchte den Wohnwagen mit dem Auto zu verbinden. Dies war mir jetzt aber aus Sicherheitsgründen zu heikel, als dass ich die beiden so hätte auf die Straße fahren lassen.

Ich stellte mich neben Herrn Sporti und fragte, ob ich im helfen könnte.
„Danke, aber wir bekommen das schon hin."

Frau Sporti kam nun dazu und versuchte ihrem Herrn Sporti zu helfen. Aber sie bekam den Stromanschluss nicht hin. Ich fragte nochmals, ob ich helfen sollte.
„Ich bekomme das mit dem Stecker nicht hin. Kennen Sie sich da aus? Wir sind mit dem Wohnwagen meiner Eltern das erste Mal alleine unterwegs."

Ich beugte mich herunter und hob erstmal die Deichsel an. Siehe da, die Kupplung war nicht mal eingerastet. Frau Sporti schaute Herrn Sporti vorwurfsvoll an, doch er begriff gar nicht, was seine Schlamperei hätte auslösen können.

Dann legte ich das Sicherungsseil um die Kupplung – eine Öse war nicht vorhanden – und befestigte den Stecker. Zuletzt löste ich die Handbremse und musst feststellen, dass das Bugrad auch nicht sicher hochgekurbelt war.

Ich stellte mich so zwischen die beiden, dass ich zu ihr sprach und ihm den Rücken zuwandte. Ich erklärte ihr ruhig, worauf sie achten musste, wenn sie den Wohnwagen ankuppelte. Sie war sehr dankbar und nahm auch das vermittelte Wissen auf. Ich verabschiedete mich und wünschte eine gute Heimfahrt. Nun mischte sich auch wieder Herr Sporti ein.
„Danke, wir hätten das schon hinbekommen."

Ich rollte mit den Augen, was Frau Sporti auch sicherlich mitbekommen hatte. Sie lächelte nur verschmitzt und beide stiegen ins Auto ein. Übrigens saß, nicht überraschend, Frau Sporti am Lenkrad und fuhr das Gespann elegant vom Platz.

Meine Frau, die diese Szene natürlich mitbekommen hatte, war total sauer auf Herrn Sporti und seine Arroganz. Ich zuckte nur mit den Schultern.

„Auch er wird im Leben noch seine Lehren bekommen."

Inzwischen war auch das Ehepaar vom Komfort-Platz am Abbauen. Sie wollten gerade den Schlauch lösen und versuchten den Wasserhahn zu schließen. Keine Chance. Irgendwie hatte es Herr Sporti geschafft den Wasserhahn zu demolieren, sodass er sich nicht mehr bewegte. Erst mit einer Wasserrohrzange konnten wir den Hahn abdrehen. Hier musste der Pächter eine Reparatur durchführen, damit der nächste Camper nicht die gleichen Probleme bekommen würde.

Ich nahm dagegen mein Weinglas in die Hand, prostete meiner Frau zu und wir hofften, dass wir weiter so vorzüglich durch andere Camper unterhalten würden.

Sauf´ in den Mai

Wie jedes Jahr wollten wir mit unseren Kumpels wieder in den Mai feiern. Tobi, mein Freund, und unsere Kumpels waren schon die ganze Woche über bei der Planung. Zelte, Schlafsäcke, Isomatten waren aber eher die vernachlässigten Themen. Dieses Zeug würde schon irgendwie mitkommen. Vielmehr wurden sich Sorgen über die ausreichende Versorgung mit Bier und anderen Alkoholika gemacht. Die Frage stellte sich, ob noch ein Partyzelt für das Saufgelage besorgt werden müsse, ob es eine ausreichende Anzahl an Trinkspielen gab und ob es Sinn machen würde auch Trinkbehälter aus Glas mitzuführen. Kurzum, es ging nur um den Alkoholkonsum.

Als ich mich dann in die Planungsgespräche einfügte mit der Überlegung, ob überhaupt schon ein Campingplatz reserviert wäre oder ob es überhaupt erlaubt wäre, auf einem Campingplatz so zu feiern, wurde ich nur mitleidig angesehen.

Es lief darauf hinaus, dass Mike einen kannte, dessen Onkel eine Wiese hätte, auf der sonst nicht viel los wäre. Perfekte Planung eben. Dann halt Wildcamping.

Wenigstens wurde aufgrund meines Einwands nun doch mal über die örtlichen Gegebenheiten diskutiert. Wo würde man Nachschub herbekommen? Kann man mit dem Auto bis zur Wiese fahren oder noch besser auf die Wiese? Würde der Kumpel auch zum Saufen kommen?

Naja, es sind halt doch noch Kinder, bloß halt jetzt erwachsene Kinder...

Wenigstens würde ich nicht die einzige Frau sein, die dem Spektakel beiwohnen würde. Zwei weitere Freundinnen wurden auch überredet an diesem beispiellosen Umtrunk teilzunehmen. Susanne war schon recht Alkoholerprobt. Jedenfalls hatte sie ihren Führerschein schon wegen Alkohols eingebüßt und Marina konnte auch einen halben Liter Bier in einem Zug in die Kehle laufen lassen.

Bei mir war es anders. Ich konnte zwar auch hin und wieder mal einen guten Schluck vertragen, jedoch war bei mir das Problem immer der nächste Morgen, an dem ich mir alles nochmals durch den Kopf gehen lassen musste. Auch mein Konsum an Kopfschmerztabletten stieg exorbitant nach einem Abend mit Hochprozentigem an.

Der 30. April war nicht mehr weit und die Planungen waren weitestgehend abgeschlossen. Wie es kommen musste fragte mich Tobi noch am Vorabend, ob wir überhaupt ein Zelt oder einen Schlafsack hätten. Da dies nicht der Fall war, verabredeten wir uns mit Niklas, einem anderen Teilnehmer des Saufgelages, der den gleichen Fehlstand hatte, um noch schnell im Outdoor-Laden einzukaufen.

Pop-up war das Zauberwort. Einfach das Zelt hinwerfen und es baut sich von alleine auf. Diese Zelte waren recht preisgünstig und somit im Favoritenkreis ganz oben. Ein Schlafsack war in Tobis Augen eher überbewertet, da er es nicht kommen sah, dass er in der Nacht auch nur eine Minute schlafen würde. Erst als ich ihm das Thema Ausnüchtern erläuterte, willigte er wenigstens zum Kauf einer Luftmatratze ein. Niklas war knapper bei Kasse und entschied sich im Notfall im Auto zu pennen.

Da einige Kumpels schon am 30. April nicht mehr arbeiten brauchten – so ist das nun mal in der Hartz-IV-Branche – waren die ersten Anreisen bereits für vormittags geplant. Es brauchte wohl etwas Überredungskunst, dass der Onkel des Kumpels vom Kumpel (oder so ähnlich) zustimmte, dass wir auf der Wiese feiern durften. Einzige Auflage war, dass wir alles wieder aufräumen mussten. Klar, an wem das wohl wieder hängenbleiben würde.

Da mein Freund Tobi und ich unser Auskommen nicht vom Amt erhielten, mussten wir noch bis mittags arbeiten. Der 30. April war zum Glück ein Freitag, sodass wir bereits zeitig mit dem Aufbau beginnen konnten.

Als erstes wurde das Partyzelt aufgebaut. Jürgen hatte einen Anhänger mit mehreren Biergarnituren organisiert und war fast zeitgleich mit uns angekommen. Unsere Hartz-IV-Fraktion hatte bis zu unserer Ankunft, bis auf einen Kasten Bier, noch nichts erledigt bekommen. Schade, war aber zu erwarten.

Im Stile einer Wagenburg parkten wir unsere Autos um unser „Festzelt" in der Mitte herum. Nun zeigten sich auch die kleinen Unwägbarkeiten, die in der Planung leicht übersehen wurden. Eine Feuerschale war zwar da, nicht aber der Rost, um die Bratwürste (fehlten ebenfalls) darauf zu legen. Als endlich Grillgut und lange Stöcke angeschafft waren, wurde dann festgestellt, dass kein Feuerholz vor Ort war. Hier konnte zum Glück der Onkel vom Kumpel dessen Kumpel, usw. aushelfen.

Da man sich gegen Glas entschieden hatte, war man eigentlich von Pappbechern ausgegangen. Nur hatte sich niemand darum gekümmert. Bei Bier war das nicht so kritisch, aber wenn man an die anderen Flüssigkeiten dachte, Whiskey, Gin-Tonic und Mischgetränke, dann stellte dies doch ein Problem dar. Tobi düste bereits ein zweites Mal zum örtlichen Supermarkt.

Für die Ernährung waren nur Chips und anders Salzgebäck vorgesehen. Dieses Mal konnte die Tante vom Kumpel, dessen Onkel... ach die Frau aus der Nachbarschaft halt, uns die Nummer vom Pizzaservice geben.

Es war gut, dass nun alle zusammen Hand anlegten, um das Fest zu gestalten, sodass man auch bald fertig war. Natürlich wurde auch jeder gelungene Arbeitsabschnitt ordentlich begossen, so dass von unserem Getränkeanhänger – sogar mit Kühlung – die erste Reihe der Kästen schon fehlte. Zur Kühlung musste man zwar sagen, dass es sicherlich eine gute Idee war für die Getränke einen Kühlanhänger zu besorgen, jedoch wurde nicht daran gedacht, dass die Kühlung Strom benötigte, den wir auf der Wiese nicht hatten.

So gab es einen nahtlosen Übergang zwischen Aufbau und Festbeginn. Unsere Hartz-VI-Fraktion war bereits seit morgens an der Flasche, was sich nun in einer längeren Pause rächte. Einige waren schon sehr bald in den Autos, in Zelten oder gleich auf der Wiese eingeschlafen. Da wir anderen aber die Musik umso lauter aufdrehten, war an erholsamen, ausgiebigen Schlaf sowieso nicht zu denken.

Unsere Musik war wohl so ausreichend laut, dass auch andere Leute am Festplatz eintrafen. Kurzerhand wurde eine kleine Kasse am Getränkewagen aufgestellt, in die jeder etwas einwerfen musste, der ein Bier nahm. Waren wir ursprünglich knapp 20 Leute, die sich verabredet hatten, konnte man nun mindestens doppelt so viele Partyfreunde sehen.

Als es dann dunkel wurde, konnte gerade noch rechtzeitig beim Pizzaservice geordert werden. Es wurden 50 (!) Pizzen bestellt. Wahrscheinlich die größte Einzelbestellung, die der Pizzaservice jemals hatte. Zu den nicht eingeladenen Partygästen gesellte sich am späteren Abend auch noch die Polizei, die wohl auf das Spektakel aufmerksam geworden war. Da wir uns aber auf Privatgelände befanden und für kurze Zeit die Musik etwas leiser machten, zogen die Uniformierten auch schnell wieder ab. Ich wollte gar nicht wissen, ob oder wie lange die noch an der Ausfallstraße warteten, ob vielleicht doch der Eine oder Andere alkoholisiert davonfahren wollte.

Wie Tobi schon vermutete, kam er in dieser Nacht nicht zum Schlafen wie viele andere auch nicht. Ich für meinen Teil war aber froh, dass ich mich so ca. gegen 4 Uhr etwas zurückziehen konnte. Die Pizza und die Bratwürste, die ich verdrückt hatte, waren bereits im Gebüsch wieder auf gleichem Weg entsorgt worden. Auch war ich sehr froh, dass ich ausreichend Kopfschmerztabletten dabei hatte.

Am nächsten Morgen glich die Wiese einem Kriegsgebiet. Überall lagen Alkoholleichen herum. Jetzt, bei Tageslicht sah der Platz aus, als ob eine Bombe eingeschlagen wäre. Überraschenderweise war der Getränkeanhänger nicht ganz leer. Überall lagen leere Bierflaschen und Pizzakartons herum. Heute war Samstag und Feiertag. Wir hatten also genügend Zeit um alles wieder aufzuräumen. Ich jedenfalls war im Moment aufgrund meines Zustands aber noch keine Hilfe.

Es dauerte bis Mittag, als die ersten anfingen aufzuräumen. Niklas war zwar noch damit beschäftigt ein Konterbier zu ergattern, doch auch er sah ein, dass er nun mithelfen musste. Unsere Hartzer wollten sich einfach nur verkrümeln und dem Onkel vom Kumpel von dessen Kumpel usw. den Müll hinterlassen, doch das gab Stunk und so halfen sie doch mit aufzuräumen.

Alles in Allem wurde dieses Saufgelage doch als Erfolg gewertet. Was wir nicht erwartet hatten, war, dass einige der Dorfbewohner, die mit uns die Nacht durchgefeiert hatten, auch zum Aufräumen erschienen waren. Längst hatten sich die Stimmen gemehrt, dass wir dieses Fest im kommenden Jahr auf jeden Fall wiederholen sollten.

Da wir die Wiese sehr ordentlich und aufgeräumt wieder an den Eigentümer übergeben konnten, machte uns der Onkel... (verdammt, ich sollte mal nach seinem Namen fragen), den Vorschlag, ob wir das ganze Fest als „Sauf´ in den Mai" nicht jedes Jahr und dann professioneller veranstalten wollten. Die Idee war gut, aber nicht von unserer Clique durchführbar. Da fehlte es deutlich an Kompetenz. Zwar nicht im Vernichten von Alkohol, aber doch in der Fähigkeit einer ordentlichen Planung.

Ein Jahr später wurde tatsächlich wieder ein Fest organisiert. Dieses Mal aber von der Dorfjugend in Zusammenarbeit mit der Gemeinde. Wie sich herausstellte war der Onkel auch der Gemeindevorstand und stellte seine Wiese wieder zur Verfügung. Als wir ankamen stand ein richtiges Festzelt, es waren Dixi-Klos aufgebaut, es gab Verkaufswagen und ein DJ sorgte für Musik. Außerdem gab es eine große Campingfläche. Über allem stand aber ein Plakat mit dem Schriftzug: „2. Sauf´ in den Mai Festival". Das machte unsere Clique doch ziemlich stolz, dass wir praktisch für die Gründung eines Festivals verantwortlich waren.

Kein-Eis-Jonny

Es ist schon ein paar Jahre her, als ich zusammen mit meiner Frau in Südfrankreich auf einem Campingplatz war. Ich kann nicht mal mehr genau sagen, auf welchem Platz sich die Geschichte zugetragen hatte. Jedoch war es so einprägsam, dass ich bis heute den kleinen Johannes nicht vergessen kann.

Johannes, ungefähr fünf Jahre alt und von seinen Eltern immer nur Jonny gerufen, war nicht wirklich das Typ Kind, welches man sich als Eltern wünscht. Jonny hatte seinen eigenen Kopf und das nicht immer im Sinne der anderen Camper. Ob er früh morgens an jeder Wohnwagentüre klopfte und „Guten Morgen" sagte – es war nie später als 6:30 Uhr – oder mit seinen schmutzigen Füßen auf dem Vorzelt-Teppich stand und seinen neusten Schlamm-Kuchen präsentierte. Nein, Jonny war anders. Immer freundlich, aber irgendwie anders.

Wir kamen gerade an und waren noch mit dem Aufbau beschäftigt, als Jonny uns das erste Mal aufsuchte.
„Hallo! Ich bin Jonny und ich bin 5 Jahre alt. Seid ihr auch aus Deutschland"

Mein erster Gedanke war: No, je ne viens pas d´Allmagne (Nein, ich bin nicht aus Deutschland). Aber wir fuhren nun mal mit deutschem Kennzeichen und unterhielten uns auch auf Deutsch. Eine Lüge wäre wohl auch von Jonny schnell enttarnt worden.

„Ja, wir sind auch aus Deutschland."
„Woher aus Deutschland?"
„Aus Norddeutschland."
„Wo ist das?"
„Im Norden!"
„War ich da auch schon mal?"
„Das weiß ich nicht."
„Warum nicht?"

Gut, das Spielchen würde er bestimmt noch eine ganze Weile durchziehen. Ich versuchte es mit einer List: „Du Jonny, ich glaube deine Mama ruft dahinten und will dir ein Eis kaufen."
„Wo?"
„Na da!"
„Ich sehe sie nicht."
„Dann lauf halt mal dahin."

Jonny trollte sich in Erwartung eines großen Eisbechers.
„Und du meinst, das klappt?"
Meine Frau war immer etwas skeptischer als ich Optimist.
„Wenigstens haben wir Zeit gewonnen."

Wir waren weiterhin damit beschäftigt unseren Aufbau vom Vorzelt voran zu bringen, als wir Jonny schon von weitem hörten. Er heulte. Nein, er plärrte. So laut, dass der ganze Campingplatz sein Leid mitbekam. Und nebendran kam seine wutentbrannte Mutter.

„Da, der Mann hat mir gesagt, dass ich von dir ein Eis bekomme."
Jonny zeigte auf mich.
„So, Sie versprechen meinem Johannes also, dass er von mir ein Eis bekommt?"
„Ja, äh…"
„Mein Johannes isst kein Eis. In Eis sind viele ungesunde Zutaten und jede Menge Zucker. Mein Mann und ich erziehen unsere Kinder nachhaltig und gesund. Und nun entschuldigen Sie sich bei ihm für Ihre ungezogene Lüge!"

Ich war platt. Damit hatte ich nun wirklich nicht gerechnet. Meine Frau bemerkte das und kam mir gleich zur Hilfe.
„Wie können Sie einem Kind ein leckeres Eis verbieten? Jedes Kind liebt Eis."
„Eis wird unter schwierigen hygienischen Umständen bei diesem Klima hergestellt. Was meinen Sie, was für ein Energieaufwand notwendig ist, um das Eis zu kühlen. Was meinen Sie wie der Zucker im Eis produziert wird. Der kommt bestimmt von weit weg und das ist ein ungemein hoher CO_2-Fußabdruck,

den wir vermeiden wollen. Und außerdem ist Eis für Jonny ungesund."

Nun war meine Frau auch immer recht vorsichtig und umweltbewusst, aber auf eine so militante Umweltaktivistin nicht vorbereitet. Sie schaute mich hilflos an und mir viel nichts Besseres ein, als die Situation für dumme Kommentare zu nutzen:
„Jonny will aber ein Eis und ihm ist es ziemlich egal, ob das Eis nun in der Sauna oder in der Eiskammer produziert wird. Sie sollten ihm eins kaufen. Richtig Jonny?"

Jonny war jetzt etwas unsicher. Sollte er auf seine Forderung gegenüber seiner Mutter auf ein leckeres Eis bestehen oder sich lieber auf sein Leinsamenmüsli freuen.
„Aber Mama, alle Kinder essen Eis. Ich möchte auch mal. Wenigstens probieren…"
„Nein, das fangen wir gar nicht erst an. Wir unterstützen diese Umweltsünder nicht!"

Und dann kam ein Spruch von mir, den ich mir lieber verkniffen hätte:
„Das Eis wird auch bestimmt nur von Frauen in nachhaltig gestrickten Wollsocken hergestellt."

Meine Frau brach schier zusammen vor Lachen. Jonnys Mutter dagegen kochte vor Wut. Ob ihre Röte im Gesicht nun von einem

Sonnenbrand stammte oder der Wut gegen einen ... - Mann ! - ... war nicht auf den ersten Blick für einen Außenstehenden ersichtlich.

„Sie ungehöriges Etwas! Sie frauenfeindlicher Playboy!   Jonny wir gehen. Hier wird deine Erziehung verdorben!"

„Mami, was ist ein Playboy?"

Nun war ich doch ein bisschen stolz. Meine Frau prustete immer noch vor Lachen und auch unsere Nachbarn, die diese Szene mitbekommen hatten, konnten sich ein Lachen oder Grinsen nicht verkneifen.

„Bring´ seiner Mutter doch ein Gänseblümchen zur Versöhnung vorbei." lachte der Nachbar von gegenüber. „Dafür hast du dir heute Abend mindestens ein Bier von mir verdient. Selten so gut unterhalten worden am frühen Morgen."

Gut, somit war man schon mal in der Nachbarschaft bekannt. Sowohl der Nachbar von gegenüber, als auch beide Nachbarn links und rechts von uns halfen uns beim Aufbau.

„Ja, der Jonny ist hier schon bekannt. Du wirst ihn spätestens morgen früh nochmals kennenlernen."

Der Morgen verging und es wurde bald Mittag. Wir waren soweit mit unserem Aufbau fertig, als ein junger Mann mit Strohhut, Grashalm im Mundwinkel,   oberkörperfrei,

Blümchenbadehose und Gesundheitssandalen vorbeikam. Er musterte uns von oben bis unten. Blieb vor unserem Vorzelt stehen, indem meine Frau gerade ihren ersten Prosecco trank und ich mein Bier in der Hand hielt. Dann drehte er sich wortlos um und ging den Weg wieder zurück. Meine Frau und ich schauten uns wortlos an und zuckten mit den Achseln.

Es wurde erst Nachmittag, dann später Nachmittag und bald drohte der Verlust der Muttersprache. Zum Glück ging mir vorher aber das Bier aus. Da mein neuer Freund von gegenüber, er stellte sich mir als ´Hoppe´ vor, ebenfalls noch etwas aus dem campingplatzeigenen Supermarkt brauchte, schlenderten wir zusammen zum Konsumtempel.

„Ich habe gesehen, dass ihr auch schon Papa-Jonny kennengelernt habt."
„Papa-Jonny?"
„Na der komische Kauz mit dem Strohhut."
„Er war doch heute Mittag bei euch und hat sich deine Frau und dich angesehen."

Mir ging ein Licht auf. Das war also Jonnys Vater.
„Na der hätte aber auch mal ´Guten Tag´ sagen können."
„Den habe ich noch nie sprechen gehört. Der singt immer nur."

„Der singt?"

„Ja, wirst du heute Abend noch hören, wenn du mal an der Zeltwiese vorbeikommst."

Wir erledigten unsere Einkäufe und waren bereits für den Abend bei Hoppe und seiner Frau zum Grillen eingeladen. Uns kam das entgegen, da wir die lange Fahrt, den Aufbau und den Prosecco, bzw. das Bier vom Nachmittag intus hatten.

Es wurde ein schöner, geselliger Abend, wie man ihn sich auf dem Campingplatz vorstellt. Auch die anderen Nachbarn kamen später noch auf ein Bier dazu. Schnell war das kleine Bierfass von uns vernichtet und auch die Frauen mussten wohl am nächsten Tag den Prosecco-Vorrat wieder ergänzen.

Peter aus Köln hatte sein Wohnmobil zwei Parzellen weiter aufgestellt und kam erst später dazu.

„Er singt schon wieder."

„Wer?"

„Der Strohhut!"

„Wer?" man musste mir auf die Sprünge helfen, da ich schließlich erst heute angekommen war und die Gegebenheiten und Persönlichkeiten auf dem Platz noch nicht kannte.

„Strohhut ist Jonnys Papa, den du auch schon kennengelernt hast."

„Wollen wir ihn anfeuern?" fragte Peter aus Köln.

Peter aus Köln sagte jedem, dass er aus Köln kam. Nicht das er das musste, man hörte es sofort, aber er stellte sich jedem als Peter aus Köln vor. Selbst nachdem wir ihn bereits eine Woche kannten, war er immer noch der Peter aus Köln. Seine Frau war die Hannelore. Hannelore konnte es ohne weiteres mit meiner Frau im Prosecco vernichten aufnehmen. Jedoch wurde meine Frau mit der Zeit immer müder, was bei Hannelore eher das Gegenteil bewirkte. Sie begann erst die Frauenrunde, dann auch die Männerrunde und dann auch den halben Campingplatz mit ihrer schrillen Stimme zu unterhalten. Trotzdem mochten wir Peter aus Köln und Hannelore mit ihrem dekadenten Wohnmobil, wie es Jonnys Mutter sicherlich bezeichnen würde.

„Nein lass´ mal. Ich habe heute inzwischen ein Problem fehlerfrei gerade aus zu laufen. Vielleicht morgen Abend. Heute ist nicht wegen, wegen... wegen fällt aus halt!" und plumps, Hoppe fiel das Bier aus der Hand.

Das war dann auch für uns ein untrügliches Zeichen, dass der Abend so langsam zu Ende gehen würde. Wir verabschiedeten uns und verabredeten uns für den nächsten Abend.

Es war kurz nach sechs Uhr am Morgen, als es an die Türe unseres Wohnwagens klopfte. Ich war noch nicht ganz wach und spürte auch einen leichten Kopfschmerz, der wohl vom Trinkgelage des Vorabends stammte. Ich rappelte mich auf und zog mir eine Hose an. Das müsste reichen, da wir schließlich in Südfrankreich waren und es dort schon am Morgen recht warm war. Ich öffnete die Türe.

„Hallo, guten Morgen. Die Sonne lacht. Alles aufstehen!"

Ich schnallte nichts. Was ist los? Wer lacht? Wie spät ist es?

„Jonny??? Was willst du hier?"

Aber Jonny machte auf dem Absatz kehrt und hüpfte übermütig zu Hoppes Wohnwagen rüber, um auch da anzuklopfen. Aber anstatt die Türe zu öffnen, hörte ich von innen nur ein ärgerliches ́Verschwinde sofort und halt die Backen ́- Das war deutlich.

Jonny störte das nicht und er sprang schon wieder weiter zur nächsten Campingtüre.

Ich dagegen zog mir wieder meine Hose aus und schlüpfte ins Bett. Leider war nicht mehr an

Schlaf zu denken, da mir meine Kopfschmerzen dann doch zu schaffen machten. Ich stand wieder auf und suchte in der Board-Apotheke nach geeigneten Gegenmaßnahmen. Meine Frau hatte das alles nur im Halbschlaf mitbekommen und drehte sich einfach um, um weiter zu schlafen. Wohl dem, der so wie meine Frau an der Bettdecke horchen konnte.

Erst viel, viel später standen wir dann endlich auf. Es war schon sehr viel später, sodass wir gerade so eben noch ein paar Brötchen abbekamen, bevor der örtliche Bäcker ausverkauft war. Ich hatte das Gefühl, dass mir ein Affe im Genick saß und ständig die Tetris-Melodie auf einem Xylophon in meinem Schädel einhämmerte. Meine Frau war auch noch nicht sonderlich gesprächig. Wenn Sie die durchschnittliche Anzahl an Worten einer Frau heute noch hinbekommen wollte, dann müsste sie sich am Nachmittag aber ganz schön ranhalten...

Geteiltes Leid ist halbes Leid. Auch den Nachbarn ging es ähnlich. Niemand von gestern Abend machte einen sonderlich fitten Eindruck. Ich hörte auch von anderen Campern, die ich noch nicht näher kennengelernt hatte im Vorbeigehen, dass sie diesen Jonny die Leviten lesen würden, wenn es ihr Kind wäre.

Es war kaum Mittag, als er in unseren Weg einbog.

„Frischer Kuchen, frischer Kuchen!"

Jonny hatte einen kleinen Bollerwagen mit einem Eimer Sand und einem Eimer voll Wasser dabei. Dazu lag noch ein Förmchen in Kuchenform daneben. Jeden den er sah sprach er an, ob er noch einen Kuchen haben wollte. Weiter vorne stand noch ein älteres Ehepaar, welches erst weit nach uns angekommen war. Die Dame war sehr höflich und freute sich über den Jungen. Sie bat ihn her und fragte, ob sie ein Stück Kuchen von ihm haben könnte. Klar konnte sie. Jonny nahm sein Förmchen, packte etwas Sand hinein und goss genüsslich etwas Wasser darüber. Nun nahm er das Förmchen und drehte es mit Schwung um, sodass es auf dem sauberen Tisch des älteren Pärchens landete. Das dreckige Wasser und der Sand spritzen nur so über den Tisch und die Dame machte einen spitzen Aufschrei. Jonny dagegen lachte nur.

„So, nun musst du für den Kuchen bezahlen." strahlte Jonny stolz.

„Aber ich habe gar kein Geld. Ich kann dir ja nachher ein Eis kaufen."

„Okay. Dann komme ich nachher vorbei, wenn ich den restlichen Kuchen verkauft habe."

Ja, die ältere Dame konnte nicht wissen... Aber sie lernte es schnell. Es dauerte keine 20 Minuten, als Jonny laut plärrend mit seiner Mutter in den Weg einbog. Auch das ältere Ehepaar musste sich eine ökologisch wertvolle Standpauke anhören. Tja, kein Eis für Jonny.

Es wurde Abend und meine Frau und ich hatten uns noch entschlossen eine Runde über den Campingplatz zu machen. Wir waren immer bemüht uns so viele Impressionen und Ideen wie möglich von anderen Campern zu holen. Aus diesem Grund spazierten wir über jeden Campingplatz, auf dem wir ankamen.

So kamen wir auch an der Zeltwiese vorbei. Dort waren alle möglichen Arten von Zelten zu sehen. Große, kleine, spitze, runde und... Ein Tipi. Sehr originell mit bunten Blumen beklebt. Daneben stand ein alter VW-Bus, der ebenfalls bunt mit Blumen beklebt war. Es klang sehr alternative Musik aus dem Tipi. Eine Gitarre war zu hören, ein Tamburin und ich meinte auch den Klang von Bongos ausmachen zu können. Nun setzte auch der Gesang ein, sofern man diese Laute als Gesang ausmachen konnte. Eine Männerstimme gab irgendwelche nicht näher zu verstehende Laute von sich. Nun öffnete sich das Zelt und eine Frau kam tanzend mit dem Tamburin heraus. – Jonnys Mama!

Der Tanz glich eher zuckenden Bewegungen, wie man sie von den Hippies der 70er Jahre her kannte. Meine Frau und ich schauten uns an und konnten aufgrund der skurrilen Lage nichts sagen. Jetzt kam auch Jonnys Papa mit dem Strohhut heraus. Er hielt die Gitarre und tanzte ebenfalls zu seiner Musik. Als letztes kam nun auch Jonny mit den Bongos aus dem Zelt. Er tanzte nicht, denn er war zu sehr konzentriert drauf mit seinen Bongos wenigstens einmal den Takt zu treffen.

Die tanzende Familie wippte im Kreis vor ihrem Tipi herum, bis die ersten leeren Bierdosen von den Nachbarn herüberflogen. Die Nachbarn waren augenscheinlich ein Fußballverein, der nicht mit dieser Art von Musik zu begeistern war. Das störte aber die Kein-Eis-Familie nicht. Unbeirrt wurde weitermusiziert und wir versuchten unerkannt von Jonny weiterzugehen. Das gelang aber nur bedingt, denn wir waren ungefähr 10 Schritte gelaufen, als Jonny hinter uns hergerannt kam. Er hatte aufgehört mit den Bongos zu spielen und flüsterte uns zu:
„Aber ich bekomme schon noch ein Eis von euch, gell?"

Mama Jonny und Papa Strohhut hörten nun auch auf mit ihrer Musik und kamen auf uns zu.

Ganz toll. Jetzt denkt jeder auf dem Campingplatz, dass wir diese durchgeknallte Familie kennen würden. Papa Strohhut stellte sich uns vor:

„Also ich bin der Martin und das ist meine Frau Anne-Kathrin. Wir möchten Sie gerne einladen in unserer spirituellen Runde teilzuhaben. Sie kennen ja bestimmt schon unseren Johannes-Rüdiger."

JOHANNES-RÜDIGER – das arme Kind. Wenn das später in der Schule auch nur ein Mitschüler mal herausbekommt, wie der richtige Name von Jonny war... Die Klassenkeile waren sicher und in der Damenwelt wäre es bestimmt auch nicht einfach mit diesem Namen und den dazugehörenden ökologischen Testbild-Klamotten eine scharfe Braut aufzureißen. Jonny tat mir leid.

„Danke für die Einladung, aber wir sind gleich schon zum Grillen verabredet."
„Sie essen Fleisch? Wie widerlich! Wissen Sie eigentlich, wie die Tiere dafür gequält werden? Und denken Sie mal an den CO_2 Ausstoß, die so eine arme Kuh in ihrem befristeten Dasein in der Umwelt hinterlässt?"

Das war Jonnys Mutter in ihrer Paraderolle.

„Wir möchten uns aber ausgewogen ernähren und werden darauf achten, dass die Grillkohle aus zertifizierten Anbau stammt." Ich konnte meinen Schabernack wieder nicht für mich behalten.

„Wissen Sie eigentlich, wie lange ein Ost-Polnischer Arbeiter für einen Sack Grillkohle arbeiten muss?"
„Nein, das weiß ich nicht. Aber meine Grillkohle kommt nicht aus Ost-Polen. Meine Grillkohle kommt aus dem Supermarkt." Das war sicherlich ein Totschlagargument in meinen Augen, aber wohl nicht im Sinne meiner Gesprächspartnerin.

„Aber der Supermarkt bekommt die Grillkohle auch aus Ost-Polen und dort werden die Arbeiter ausgebeutet."

Ich konnte es nicht lassen: „Nein, ich habe extra darauf geachtet, dass die Kohle, die ich verwende aus der West-Ukraine stammt. Darauf bin ich sehr stolz! Wie verhält es sich eigentlich mit dem CO_2-Fußabdruck Ihres VW-Busses, der ja auch schon ganz schön in die Jahre gekommen ist..."

Damit hatte ich Anne-Katharina aus dem Konzept gebracht. Sie schaute zu ihrem Martin herüber und dann zu meiner Frau und sagte:

„Der Bulli wird nur ganz selten benutzt. Aber sie ernähren sich doch sicherlich bewusst vegan, oder?"

„Nein, bestimmt nicht. Ich vertrage keine Vitamintabletten und esse deshalb gerne Fleisch. Aber medium, damit mein Mann nicht so lange die West-Ukrainische Grillkohle verbrauchen muss."

Nun wollte ich weiter und sagte zu meiner Frau: „Komm´ Schatz, wir essen noch ein Eis bevor wir gleich Grillen. Will Johannes-Rüdiger auch ein Eis?"

„Jaaaa!"

Nun schaltete auch Jonnys Mutter: „Jetzt erkenne ich Sie. Sie sind doch der Typ, der Johannes-Rüdiger gestern schon ein Eis geben wollte. Jonny bekommt kein Eis, sie Ignorant!"

Ich konnte mir ein Lachen nicht verkneifen und meine Frau und ich gingen nun weiter, um aus Prinzip noch ein Eis vor unserem Grillabend zu essen. Bei der Bestellung konnten wir es nicht lassen den Eisverkäufer zu verwirren. Ich bestellte einen ´Kein-Eis-Jonny"-Eisbecher und der Eisverkäufer stutzte. Das war es wert.

Das erste Mal

Der neue Wohnwagen war nun durch die Dame des Hauses von oben bis unten und von links nach rechts, sowie in der Mitte komplett geputzt worden. Nicht dass es wirklich nötig war, denn der Wohnwagen wurde gerade als Neufahrzeug an Familie Leonhardt ausgeliefert, aber Mama Gabi konnte nicht anders.

Heute noch sollte es nach Italien gehen. Endlich in den Urlaub. Vater Manfred musste noch arbeiten. Er war in einem Büro beschäftigt, welches seinen Mitarbeitern frühestens genehmigte am Freitagmittag Feierabend und Wochenende zu machen. Manfred war recht fleißig und hatte auch genug Überstunden, sodass er auch pünktlich um 12 Uhr stempeln konnte. Er setze sich auf sein E-Bike und radelte so schnell er konnte nach Hause.

Die Kinder Max und Franziska hatten bereits seit einer Woche Ferien und dachten nicht im Traum daran ihre Mutter bei der Reinigung des Wohnwagens zu unterstützen. Beim Auto konnte der Neuwagenduft ja auch nicht lange genug anhalten.

Die Sachen waren schon fertig gepackt, nur noch nicht eingeräumt. Dies war das Privileg des Alphatierchens – Manfred. Sein E-Bike wurde nicht im Schuppen, wie sonst immer versorgt, sondern zusammen mit den anderen drei E-Bikes auf dem Fahrradträger befestigt. Der Verkäufer hatte Manfred genau gezeigt, wie das funktioniert. Er musste die Fahrräder erst in die Schienen wuchten und dann befestigen. Damit es auch alles diebstahlsicher war, wurde alles zusammen noch verschlossen. Den Schlüssel hierfür hatte er gleich an den Schlüsselbund für den Wohnwagen geklemmt.

Überhaupt war Manfred eher der Typ „Perfektionist". Umso mehr ärgerte er sich, dass das Abschließen der Fahrräder nicht gleich funktionierte. Irgendwie bekam er den Schlüssel nicht im Schloss umgedreht. Naja, um nicht noch mehr Zeit zu verlieren, wollte er sich erst noch den anderen Sachen widmen, die noch zu erledigen waren.

Er füllte den Wassertank auf, stellte die beiden neuen Gasflaschen in den Gaskasten und befestigte sie ordnungsgemäß. Das Geschirr hatte Gabi schon eingeräumt. Beide hatten sich ganz neues Campinggeschirr aus dem Campingbedarf gekauft. Gabi verachtete es zwar mit den Worten „Plastikgelumpe", aber der Zweck heiligt bekanntlich die Mittel.

Die Bettwäsche und die Sanitär-/Kulturbeutel waren ebenfalls bereits im Wohnwagen platziert. Nur bei den Reisekoffern entschied sich Manfred für den Autokofferraum.

Pflichtbewusst fuhr er mit dem Gespann zur nahegelegenen Müllkippe, um das Gewicht des Gespanns zu überprüfen. Manfred war halt ein ganz genauer... 30 kg zu viel zeigte die Waage an. Tja, das war der Wassertank. Wollte doch Gabi unbedingt das gute deutsche Wasser zum Kaffeekochen benutzen, so musste er es nun wieder ablassen, um das vorgegebene Gesamtgewicht einzuhalten. Notfalls musste halt Wasser aus Plastikflaschen für den Kaffee herhalten.

Als Manfred von der Waage mit leerem Wassertank wieder zurückkam, wartete seine Familie bereits vor der Türe, um nun endlich die Fahrt antreten zu können. Doch halt, da war doch noch was mit dem Fahrradträger. Abermals probierte Manfred das Schloss zu verriegeln und mit dem Schlüssel abzuschließen. Ohne Erfolg. Nun durfte jeder mal probierten. Gabi, Franzi und auch Max versuchten ihr Glück. Alles vergebens. Als Manfred schon aufgeben wollte und die Fahrräder mit den normalen Fahrradschlössern abschließen wollte, klappte es dann doch. Er wusste nicht warum oder was er dieses Mal anders gemacht hatte, aber nun sollte es so sein.

Es war schon deutlich später als geplant und so beeilten sich die Leonhardts schnell ins Auto zu kommen, um die Fahrt anzutreten. Heute wollte Manfred auf jeden Fall noch bis an die österreichische Grenze kommen, um dort im Alpenvorland eine Nacht zu verbringen. Der Campingplatz in Italien war ab Samstagnachmittag reserviert.

Die Fahrt verlief auch recht reibungslos, da Manfred sehr vorsichtig fuhr. Schließlich war der Wohnwagen neu und er hatte noch keine große Erfahrung mit der neuen Errungenschaft. Gabi durfte nicht einmal davon träumen auch nur einen Meter mit dem Gespann zu fahren. Schließlich schaffte sie es in seinen Augen noch nicht mal die Hofeinfahrt ohne Anhänger fehlerfrei zu verlassen. Nur weil sie einmal vom Zaunpfosten angesprungen wurde. So meinte sie jedenfalls.

Gerade noch pünktlich kamen Sie auf dem süddeutschen Campingplatz an, um dort zu nächtigen. Sie brauchten sogar nicht mal den Wohnwagen abkuppeln. Schnell standen Sie vor der Wohnwagentüre und Manfred meinte:

„Wer hat den Schlüssel? Bitte aufschließen!"

Große Augen sahen ihn an.

„Du hattest doch den Schlüssel als letzter!"
meinte Gabi.

Die Kinder verdrehten nur die Augen. Ist das zu
glauben? 300 Kilometer gefahren und der
Schlüssel fehlt? Manfred begann zu schwitzen.
Wo war der Schlüssel? Panik machte sich bei
ihm breit. Er war doch sonst immer perfekt auf
alles vorbereitet. Hatte er nun versagt?

Franzi setze sich entnervt auf die Deichsel und
fummelte an ihrem Fahrradreifen herum. Da
bemerkte sie es. Der Schlüssel für den
Wohnwagen steckte immer noch im
Fahrradträgerschloss. Die Erleichterung war
groß. Sah Manfred sich schon über Nacht
zurück nach Hause fahren, um den
Ersatzschlüssel zu holen, den er eigentlich
hätte auch so mitnehmen können, war ihm jetzt
eher nach einem kühlen Bier auf den Schreck.
Ein Wunder, dass der Schlüssel bei dem
Geruckel nicht heruntergefallen war. Aber Glück
gehört manchmal auch dazu.

Mama Gabi bereitete ein einfaches Abendessen
vor, während Manfred sich sein kühles Bier
genehmigte. Franzi und Max dagegen zogen es

vor den Platz zu erkunden und zu sehen, wer noch so alles unterwegs war.

Es lohnte nicht die ganzen Campingstühle heraus zu holen, da es ja am morgen früh wieder weitergehen sollte, aber man konnte es sich ja auch im Wohnwagen gemütlich machen. Natürlich musste man viel suchen und probieren, da alles noch so neu war. Der alte Wohnwagen war rund 20 Jahre älter gewesen und viel kleiner. Er war nun in Zahlung gegeben und hatte seinen Dienst somit getan.

Durch die lange Fahrt war auch bald schon Zapfenstreich, da am nächsten Tag nochmals rund 300 Kilometer durch die Alpen und Norditalien zurückgelegt werden mussten. Als letztes tauchte Max wieder auf. Es war schon weit nach Mitternacht und als 16-Jähriger hing er nicht mehr ganz so oft mit seinen Eltern ab. Blöd war nur, dass er vollkommen besoffen war und die Reste seines Abendessens gepflegt vor die Eingangstüre des Wohnwagens rückwärtsessend entladen musste. Er bekam es aber gar nicht mehr richtig mit. Auch merkte er nicht, dass er vor dem falschen Wohnwagen stand. Erst nachdem er lange angeklopft hatte und ein dickbäuchiger, älterer Mann mit hochrotem Kopf in Unterwäsche ihm die Türe öffnete, merkte er, dass er wohl nochmals genauer nach dem richtigen Wohnwagen suchen musste. Also er und der dickbäuchige Mann würden wohl keine Freunde mehr werden, hatte er den Kontext richtig verstanden.

Ähnlich erging es ihm am nächsten Morgen. Sein Kopf war gefühlt um das doppelte angeschwollen und da er bei der Bettenwahl in der vergangenen Nacht nicht mehr so bei der Sache war, lag er im Mittelgang. Als Papa Manfred aufstand, landeten seine Füße erstmal mitten im Gesicht von Max, der das nur weniger erbauend fand. Aber trotz Kater und noch mit erheblichem Schlafdefizit beeilte sich Max schnellstmöglich aus dem Wohnwagen zu kommen. Schließlich war immer noch zu viel Abendessen – oder was er auch immer noch gestern Abend mit seinen neuen Freunden gegessen hatte – in ihm, was dringend den Weg an die frische Luft suchte. Dieses Mal schaffte er es aber wenigstens noch in das nächste Gebüsch, bevor er sich abermals übergeben musste.

Immer noch schwankend suchte Max den Weg zurück zum Wohnwagen, als ein anderer Frühaufsteher, es war noch vor 7 Uhr, ihn ansprach, wo er denn hinwolle.

„Ich muss zu einem Vortrag." stammelte Max.

„Einem Vortrag?" fragte der Frühaufsteher.

„Ja, wenn meine Eltern sehen, in welchem Zustand ich bin, dann bekomme ich einen Vortrag, wie wenig erwachsen mein Verhalten ist."

Der Frühaufsteher lachte und ging weiter.

Mama Gabi war ebenfalls schon wach und bereitet das Frühstück vor. Brötchen waren keine verfügbar und so mussten sich halt alle mit Obst und Müsli begnügen. Max, der sich nach einem Vortrag nun schämen sollte, verzichtete lieber ganz auf erneute Nahrungsaufnahme. Schließlich waren Berge mit Kurven zu überwinden. Und das auf dem Rücksitz.

Die Fahrt über die Alpen war aber weitestgehend ereignisarm, bis auf die Tatsache, dass zweimal öfter als geplant angehalten werden musste, damit sich Max wieder der örtlichen Flora und Fauna widmen konnte. Unglaublich, was er in der Nacht noch alles gegessen haben musste.

Pünktlich, wie Manfred für sich immer in Anspruch nahm, kamen die Leonhardts am Reiseziel an. Nachdem der Platz zugewiesen wurde, begann der Aufbau. Als erfahrene Camper war es natürlich kein Hexenwerk ein

Vorzelt aufzubauen, aber andere Neuerungen machten eher Probleme. Das erste Mal hatten die Leonhardts nun einen Wohnwagen mit Mover. Ein schönes Spielzeug, wäre nicht nach wenigen Zügen die Batterie leer gewesen. Zum Glück konnten die neuen Campingnachbarn tatkräftig helfen. Dafür musste Manfred natürliche eine Runde Bier spendieren. Die heimliche Währung unter Campern.

Als nächstes wollte Gabi nun das Wasser für den Kaffee auf dem Gasherd erhitzen. Leider stellte das ein Problem dar. Das Gas war zwar an der Flasche im Gaskasten aufgedreht, aber wo zum Teufel war nochmal der Gashahn im Inneren... Aber auch dieses Problem konnte alsbald gelöst werden. Der nächste Meilenstein war das Ausrichten der Sat-Schüssel. Erst nach über einer Stunde war klar, warum kein Empfang möglich war. Der Parzellenplatz war zwar schön schattig, aber für die Sat-Schüssel halt zu schattig. Also mussten nun doch Gesellschaftsspiele herhalten.

Max und Franzi beeindruckte das nicht. Max hatte bereits neue Kumpel gefunden und die 15-jährige Franzi brauchte sowieso nur WLAN für ihr Handy und war dann damit 24/7 beschäftigt.

Als nächstes wollte Manfred dann doch wieder den Wassertank auffüllen, den er noch auf der Müllkippe entleert hatte. Leider war sein Wasserschlauch zu kurz und er musste die Gießkanne vom Nachbarn ausleihen. Wieder ein Bier weniger...

Zwei Wochen später.

Schweren Herzens war das Vorzelt wieder abgebaut. Der Urlaub war zu Ende. Alle Gegenstände waren wieder versorgt und die Urlaubsmitbringsel verstaut. Max musste seine erste große Urlaubsliebe verlassen, aber nicht ohne vorher die Telefonnummern ausgetauscht zu haben. Auch Gabi und Manfred verabschiedeten sich von ihren neuen Urlaubsbekanntschaften. Man wolle sich bestimmt wieder einmal treffen. Vielleicht auf einem anderen Campingplatz in einem anderen Sommerurlaub. Unterm Strich hatten Gabi und Manfred genauso viel Bier und Grillgut spendiert bekommen, wie sie auch selber abgaben. Unter Campern ist das halt so...

Im Gegensatz zur Hinfahrt, waren nun bis auf Franzi keine blassen Nordeuropäer im Auto, sondern deutlich gerötete Nordeuropäer. Vielleicht kam die Bräune ja später und Franzi würde vielleicht auch irgendwann mal wieder an der frischen Luft vegetieren wollen.

Max war noch vor der Ausfahrtsschranke damit beschäftigt seiner großen Liebe Textnachrichten zu schicken. Mutter Gabi freute sich schon wieder auf ihre heimische Küche und Manfred auf seinen Großbildfernseher. Franziska hingegen befürchtete nur, dass ihr Handyakku nicht die ganze Rückfahrt über halten würde.

Und so endete der Urlaub in Italien mit einem neuen Wohnwagen, neuen Urlaubsbekanntschaften, einer Urlaubsliebe, dreimal Sonnenbrand und einem leeren Handyakku.

Der (fast) perfekte Campingplatz

Seit ein paar Jahren bin ich nun als Rentner alleine mit meinem Wohnmobil unterwegs und habe somit schon den einen oder anderen Platz gesehen. Bei einer meiner letzten Fahrten stieß ich aber auf einen ganz besonderen Campingplatz. Er war sehr schön, zweifelsohne, aber doch sehr speziell.

Dazu muss ich ausführen, dass ich kein Architekt bin und schon gar nicht für Campingplätze. Meine architektonischen Grundkenntnisse stammen von Bauklötzchen im Kindergartenzeitalter, die ich später dann mit Lego™-Steinen verfeinern konnte. Meine Gartenbaufähigkeiten stammen von einem ca. 8m² großen Balkon in der Plattenbausiedlung. Letztendlich entschloss ich mich trotz meiner spektakulären Grundkenntnisse doch für eine Beamtenlaufbahn bei der Deutschen Bundespost.

Die Zufahrt zum Platz war schon etwas gewöhnungsbedürftig. Es war wirklich gärtnerisch sehr liebevoll gestaltet, mit hohen Hecken entlang der ca. 500 Meter langen Zufahrt zur Anmeldung, die in der Mitte des Platzes war. Dies war für die angrenzenden

Parzellen insoweit ideal, dass ein gewisser Blickschutz gegeben war.

Dummerweise war die Zufahrt nur ca. 3 Meter breit und gesäumt von einem Gehsteig auf der einen Seite mit ca. 1 Meter Breite. Für die Kirsche auf der Torte sorgten aber noch zwei 90° Kurven, die nach jeweils einem Drittel der Strecke lagen. Nur an den Schranken, die direkt an der Rezeption lagen, war die Straße so breit, dass es für eine Ausfahrts- und eine Einfahrtsschranke reichte. Die Rezeption lag dann im Supermarkt, aber davon später mehr.

So schön auch die hohe Hecke für den Blickschutz der Angrenzer war, so suboptimal war der Blickschutz für die auf der Zufahrt befindlichen Fahrzeuge. Durch die beiden Kurven war es nicht möglich zu erkennen, ob sich bereits ein Fahrzeug auf der An- oder Abfahrt befand, was natürlich zu vielen Rückwärtsfahrten führte. Solange dies ein PKW war, so stellte das noch kein Problem dar. Aber mit den ersten ungeübten Wohnmobilfahrern ging der Spaß so richtig los. Die Königsdisziplin war natürlich zwei Gespanne, die sich auf halbem Weg begegneten. Wüste Beschimpfungen, Schlangenlinie rückwärtsfahrende Wohnwagen und dahinter lautes Gehupe. Es war alles geboten.

Hatte man dann endlich die letzte Kurve geschafft und die Schranke schon im Blick, so musste man hoffen, dass gerade kein Wohnmobil seine Fäkalien über dem Auslassloch kurz vor der Schranke entsorgte. Auch der Lieferanteneingang war genau vor der Einfahrtschranke. Glücklicherweise kamen die Lieferanten aber immer entweder in aller Frühe oder zur Mittagszeit, so dass sich dieses Hindernis als nicht so gravierend herausstellte.

Spaßig war auch, dass das Behinderten-WC direkt an der Einfahrt war. Der Gehsteig war aufgrund der beiden Schranken schon sehr verschmälert worden, sodass höchstens 30 cm und ein im 45° abgeschnittener Bordstein übrigblieben. Aber dadurch, dass sich die WC-Türe nach außen öffnete, war es ein Himmelfahrtskommando, wenn ein Rollifahrer diese Toilette benutzen wollte.

Der Wickelraum und das Spielzimmer für die Kinder waren da schon eleganter direkt an dem Auslassloch für die Wohnmobile platziert. Dies gab bestimmt eine besondere Geruchsnote durch die dauerhaft gekippten Fenster der beiden Räume.

Wenn man aber erstmal durch diese Schikanen an der Schranke angekommen war, so musste man die Rezeption erst finden. Der Clou war, dass direkt neben der Schranke dann der Zugang zu einer Art Halle gegeben war. Auf der rechten Seite befanden sich in dieser Reihenfolge folgende Türen: WC-Herren, WC-Damen, Dusche Herren, Dusche Damen. Auf der linken Seite gab es in der Mitte eine Art Freiraum, indem gegenüber der Damentoilette und der Herrendusche eine Tischgarnitur aufgestellt war. An regnerischen Tagen saß ich gerne hier, um mich zu amüsieren. Auch davon später mehr.

Inmitten dieses Freiraums war dann die Eingangstür des Supermarktes. In diesem Markt gab es die typischen Dinge, die ein Camper so braucht. Fernseher, Sat-Schüsseln, eine Waschmaschine sah ich und noch einige Lebensmittel. Der überwiegende Teil des Supermarktes war aber eher ein Getränkemarkt und in der hintersten Ecke war eine Art Büro aufgebaut, über dem mit großen Buchstaben „R E Z E P T O I N" geschrieben war. Der Rechtschreibfehler sollte wohl zur Aufheiterung dienen…

Die Rezeption war aber auch gleichzeitig die Kasse des Supermarkts. Dies bedeutete, dass wenn jemand vor der Schranke wartete, es durchaus zu einem kleinen Stau kommen konnte, der dann sowohl die Einfahrt auf den

Platz, als auch die Abfahrt vom Platz unmöglich machte.

War man dann trotz aller Hindernisse eingecheckt auf dem Platz angekommen, eröffnete sich einem ein traumhaft schöner Campingplatz. Große Parzellen, ein ausgewogenes Verhältnis zwischen Schatten und Sonnenplätzen und ein ausgesprochen großzügiger Poolbereich. Ein kleiner Kritikpunkt war nur, dass für alle 200 Parzellen nur ein Sanitärgebäude zur Verfügung stand. Dies aber dafür in zentraler Lage wie beschrieben.

Im Sanitärbereich war es dann auch nochmals sehr speziell. Ich kann natürlich nur für die Herrentoilette und die Herrendusche sprechen, jedoch gehe ich davon aus, dass es im Damenbereich ähnlich aussah. Die Anzahl der Toiletten war durchaus ausreichend. Es war sogar an jeder abgetrennten Toilette ein eigenes Fenster, welches dauerhaft gekippt war. Jedoch war zwischen Schüssel und Türe nur soviel Platz, dass ein ausgewachsener Mann gerade mal seine Knie im Sitzen dazwischen bekam. War das Geschäft erledigt, mussten zwei Waschbecken für 15 Toilettenkabinen plus Urinalen ausreichen.

Der Duschbereich war ähnlich interessant. Als erstes gab es nur Münzduschen. Die Duschzeit betrug gefühlte 60 Sekunden. Es gab allerdings auch keine Ablagemöglichkeit für weitere Münzen, Duschgel oder Shampoo. Eine zu kurze Trennwand schützte – oder eben halt auch nicht – die abgelegte Kleidung vor Wasserspritzern.

War man dann aus der Dusche heraus, dann stellte sich wieder das Problem von zwei Waschbecken für 15 Duschen. Zwischen den beiden Waschbecken hatte der Architekt wenigstens Platz für eine Steckdose in einer Höhe von ca. 1,80 Metern gefunden. Für kleinere Menschen, die einen Föhn benutzen wollten, war das nicht erreichbar.

Der Gipfel der Sportlichkeit war aber, dass das Licht in den Duschräumen, die übrigens keine Fenster, sondern nur eine Abzugsanlage hatten, zeitgleich mit dem Wasser nach rund einer Minute wieder ausging. Man musste sich schon bewegen, damit das Licht wieder anging. Vor den Waschbecken kein Problem. Man musste ja schließlich warten bis man dran war. Stand man aber unter der Dusche und kein andere konnte sich vor dem Waschbecken bewegen, so wuchs der Frustpegel deutlich in den roten Bereich.

Wie bereits oben angemerkt, konnte ich an regnerischen Tagen meine sarkastische und menschenverachtende Seite ausleben. Ich holte mir im Getränkemarkt – pardon: im Supermarkt – ein Bier und setzte mich im Freiraum vor den Türen zu den Sanitärräumen auf einen der Stühle. Übrigens war ich nicht der Erste und Einzige, der dieses Kleinod der Schadenfreude gefunden hatte. Immer wieder wurde unser Biertrinken durch schallendes Gelächter unterbrochen, wenn wieder lautes Fluchen aus den Duschräumen zu hören war. Irgendein Spaßvogel hatte auch einen Zettel gegenüber der Toilettentüren angebracht mit der Aufschrift: „Händewaschen nicht vergessen!".

Letztendlich war aber der größte Spaß, wenn ein Mann oder eine Frau aus den Duschräumen kam, um nur mit einem Handtuch bekleidet im Supermarkt neue Waschmarken zu kaufen.

Nach 14 Tagen entschloss ich mich aber weiterzufahren und wählte für meinen Abfahrtstermin die frühen Morgenstunden. Ich wollte schließlich ohne Stau vom Campingplatz wieder verschwinden.

Man(n) hat das Sagen

Neulich kurz vor Torschluss auf der Campingmesse.

„Können wir jetzt endlich heim?"

„Gleich, Leni, gleich. Nur noch den schönen Wohnwagen da."

„Aber das ist doch jetzt der 100. Wohnwagen, den ihr euch anschaut."

„Ja, aber der ist ganz besonders schön. Und außerdem daddelst du sowieso die ganze Zeit nur auf deinem Handy herum."

„Aber das ist voll wichtig. Ich schreibe mit Timo. Er ist der Mann meiner Träume und ich werde ihn wohl heiraten."

„Leni, du bist 15 und mit dem Heiraten kannst du dir das nochmal überlegen."

Er vorweg betritt den Wohnwagen gefolgt von seiner Frau, während Leni außerhalb wartet.

„Schau mal Schatz, der Wagen hat alles, was wir brauchen. Eine schöne Küche, ein schönes Bad, ein extra großes Bett und auch einen Schlafplatz für Leni, wenn wir den Tisch absenken und die Polster darauflegen."

„Aber Schatz, die Küche ist mickrig und hat noch nicht mal eine Mikrowelle. Außerdem müsste ich mit Gas kochen. Das kann ich nicht. Das Bad ist so klein, dass man das

Waschbecken irgendwie zur Seite schieben muss, um die Dusche zu benutzen. Das Bett reicht gerade mal für dein Volumen aus und Leni hat bestimmt keine Lust jeden Abend ein Bett zusammen zu bauen."

Schatz (männlich): „Hm. Also ich könnte mir gut vorstellen mit euch hiermit Urlaub zu machen."

Schatz (weiblich): „Also ich bestimmt nicht. Mir ist das alles zu klein und zu eng."

Schatz (männlich): „Größer wird aber immer teurer. Das können wir uns nicht leisten. Ich hätte auch gerne so ein Wohnmobil, bei dem man sein Auto in der Garage untendrunter mitnehmen kann."

Schatz (weiblich): „Komm, lass uns gehen. Leni wird sonst kritisch."

Vor dem Wohnwagen wieder angekommen:

Schatz (weiblich – auch Mama genannt): „Und Leni, schreibst du immer noch mit Timo?"

Leni: „Timo? Nä, der ist voll ätzend. Der findet Leoni hübscher als mich und sagt, ich wäre sprunghaft. Ich hasse ihn."

Mama: „Und mit wem schreibst du jetzt?"

Leni: „Mit Emmi. Die war doch mit Robbi zusammen und der findet mich süß. Ach Mama, ich bin so verliebt in Robbi. Ich glaube, das wird was Ernstes mit uns."

Mama: „Wer ist Robbi?"

Leni: „Aber Mama. Das musst du doch wissen. Von dem habe ich dir bestimmt schon mal erzählt. Der war mit Emmi zusammen und macht gerade sein Abi. Zum Abschluss bekommt er von seinen Eltern eine Reise nach Dubai geschenkt. Ich mache doch auch in höchstens zwei Jahren meinen Hauptschulabschluss. Bekomme ich dann auch so ein Geschenk? Ihr könnt es mir ja schon vorher schenken, dann kann ich mit Robbi nach Dubai fahren."

Papa (hat den Dialog augenrollend mitbekommen): „Du kannst dir einen Ferienjob suchen und Geld für eine Dubai-Reise verdienen."

Leni: „Mensch Papa. Du bist voll agro!"

Die Familie befindet sich auf dem Weg zum Parkhaus, um die Heimfahrt anzutreten.

Papa: „Also Schatz, welcher Wohnwagen hat dir am besten gefallen?"

Schatz (weiblich): „Also so richtig war keiner dabei, der mich hätte überzeugen können. Ich finde sowieso, dass wir lieber eine Kreuzfahrt machen sollten. Da brauche ich nicht kochen oder putzen."

Schatz (männlich): „Aber eine Kreuzfahrt machst du einmal und danach? Mit einem Wohnwagen könnten wir in jedem Urlaub in den eigenen Betten schlafen."

Leni: „Kreuzfahrt ist geil. War das nicht früher mit Rittern und so?"

Papa: „Oho. Einmal im Geschichtsunterricht aufgepasst, aber leider falsch angewendet. Eine Kreuzfahrt ist eine Schiffsreise."

Leni: „Ah, cool. Da waren wir doch vorhin in der Halle, in der uns der süße Junge so Flyer für Schiffe in Norwegen mitgegeben hat."

Mama: „Genau Leni. Den Flyer habe ich noch in meinem Rucksack. Da können wir Zuhause mal nachschauen."

Leni: „Nicht nötig. Ich rufe einfach Ben an."

Papa: „Wer ist Ben?"

Leni: „Das ist der süße Junge, der uns die Flyer gegeben hat. Du checkst aber auch gar nichts, Papa."

Leni wendet sich ab und telefoniert.

Leni: „Papa, ich komme im nächsten Urlaub nicht mit euch. Ben hat mich eingeladen mit ihm einen Zelturlaub zu machen."

Mama: „Leni? Ich glaube du spinnst. Du kennst diesen Ben doch gar nicht. Und was wird dein Freund Robbi dazu sagen, wenn du mit einem anderen Jungen in den Urlaub fährst?"

Leni: „Robbi? Ach ja genau. Das muss ich ihm gleich noch schreiben."

Leni vertieft sich wieder in ihr Handy.

Leni: „Ich geh doch nicht mit Ben. Er will seine Freundin mitbringen und Robbi geht wieder mit Emmi."

Papa: „Dann hast du jetzt komplett verloren, oder habe ich da was nicht mitbekommen?"

Leni: „Oh Papa. Du bist voll lost. Das mit Robbi und mir ist doch nichts geworden. Er mag meine Haare nicht. Aber er hat einen Kumpel, dem ich gefallen würde. Ich treffe mich mit ihm am Wochenende."

Schatz (weiblich): „Also was hälst du jetzt von einer Kreuzfahrt, Schatz?"

Schatz (männlich): „Ich habe da eine Idee: Wir machen eine Kreuzfahrt nach Schweden, mieten uns da einen Wohnwagen und zwei Wochen später machen wir wieder eine Kreuzfahrt zurück. Zweimal Ostseekreuzfahrt. Da kannst du doch wirklich nicht meckern."

Schatz (weiblich): „Das ist aber eine saublöde Ausrede. Und was hälst du von Gran Canaria? Dort soll es auch schön sein."

Schatz (männlich): „Da können wir aber nur mit der KLM fliegen. Höchstens die Niederländer haben Anhängerkupplungen für die Wohnwagen am Flugzeug?"

Schatz (weiblich): „Scherzbold!"

Schatz (männlich) seufzt: „Also wieder zu deinen Eltern ins Sauerland?"

Schatz (weiblich): „Na endlich mal ein vernünftiger Vorschlag. Ich dachte schon du kommst nie darauf."

Papa: „Und was hälst du von dem Vorschlag, Leni?"

Leni: „Das ist mir egal. Ich fliege mit Emmi wohl nach Hawaii. Und zwar ohne die blöden Jungs."

Mama und Papa: „NEIN!!!"

Texas-Bill und der Tanz am Morgen

Es war schon am späten Freitagabend. Normal kamen die Touristen-Camper immer bereits im Laufe des Nachmittags an, um das Wochenende auf dem Campingplatz zu verbringen. Dass noch ein Wagen so spät ankam, es war bereits dunkel, war eher außergewöhnlich. Außergewöhnlich war aber so ziemlich alles an diesem Camper.

Das Wohnmobil hatte mit Sicherheit seine besten Tage schon hinter sich. Und das seit mehreren Jahrzehnten. Es war aber einigermaßen gepflegt, so dass der TÜV wohl gezwungen war doch noch eine Plakette auszustellen. Die ursprüngliche Farbe war nicht mehr zu erkennen. Vielmehr war auch die ursprüngliche Form nur noch zu erahnen. Es war der Typus „Totalumbau". Texas-Style!

Dieses Lone-Star-Mobil verfügte nicht nur über die texanischen Farben als Lackierung, sondern es prangte auch ein riesiger Stern auf der Motorhaube. Ganz gemäß der texanischen Flagge. Überall, wo es auch nur irgend möglich war, wurden Lederbändchen angebracht. Auch ganze Teile, wie die Kotflügel waren mit Leder überzogen. Die Redewendung „Pferde unter der Haube" konnte man hier fast wörtlich nehmen.

Als das Wunderwerk vergangener Jahrzehnte endlich einen Platz gefunden hatte, es war bereits schon so dunkel, dass man nur noch die Umrisse erkennen konnte, waberte immer noch eine Fahne verbrannten Diesels durch die laue Nachtluft. Es hatte gefühlt den Anschein, als wenn sich ein leichter Schleier über alles und jeden niederlegte. Hoffentlich würden die Scheiben der anderen Fahrzeuge noch durchsichtig bleiben.

Nun ging das Licht im Oldsmobile an und man konnte erkennen, dass ein großgewachsener Mann mit Bart und – wie könnte es anders sein – Cowboyhut im hinteren Teil des Wagens begann herumzuräumen. Schon bald erklangen auch schon die ersten Töne von Countrymusik. Nicht zu laut, aber doch so, dass man es auch noch 4-5 Parzellen weiter hören konnte. Erst ab 22 Uhr war Nachtruhe und so hatte er noch ein paar Minuten.

Die Türe ging auf und nun konnte man ihn deutlich besser erkennen. Er zündete sich eine Zigarette an und trat hervor. Bei jedem Schritt konnte man es klimpern hören. Waren das echt Sporen an seinen Stiefeln? Es schien so, aber was machte das für Sinn? Er kam den Weg hoch und man konnte ihn nun besser erkennen. Er hatte ein typisches Cowboyhemd an mit bunten Verzierungen und eine enganliegende Lederhose in Schwarz und natürlich mit allerlei Fransen daran.

Man konnte nun auch besser erkennen, dass es sich nicht um Sporen an den Stiefeln handelte, sondern eher um kleine Glöckchen, die weiter oben am Schaft angenäht waren. Ganz elegant grüßte er eine ihm entgegenkommende Frau mit einer kurzen Handbewegung an den Hut und einem kräftigen: „N´abend, Mam."

Die Frau, die noch im Bademantel wohl gerade vom Duschen zurückkam, war etwas verdattert und reagierte mit leichtem sächsischem Unterton: „Ja nu, Ihnen auch einen hübschen Abend." Sie blieb stehen und schaute ihm entgeistert nach. Ein durchaus seltener Anblick, wenn nicht gerade Fasnacht, Karneval oder Kindergeburtstag war.

Ich saß mit meinem Kumpel noch mit einem Bier vor unserem Zelt und hatte mir nun die ganze Szenerie angeschaut. Nun kam die Gestalt in perfektem Südstaaten-Outfit an uns vorbei. Mein Kumpel – garantiert nicht mehr fahrtüchtig nach dem heutigen Bierkonsum – fiel nichts anderes ein als ein: „Howdy, Partner!"

Unser Ranger blieb darauf vor uns stehen, legte zwei Finger zum Gruß an den Cowboyhut, nahm einen Tiefen Zug von seiner Zigarette und bließ den Rauch in einer kräftigen Wolke wieder heraus.

„Euch auch ein ′Howdy′. Ist noch ein Bier für den alten Texas-Bill zu haben?"

„Klar, aber wir trinken Weizen und kein Lager."

„Das geht schon in Ordnung. Ich bin ja hier im Urlaub."

Wir boten ihm einen unserer Fußhocker an, damit er nicht stehen bleiben oder auf dem Boden sitzen musste. Er nahm die geöffnete Flasche an, prostete uns zu und trank das Bier in einem Zug. Gut, mit einem Pils hätte man das zur Not auch hinbekommen, aber mit einem Weizenbier... Durch die Hefe und die Kohlensäure würde bei einem Ungeübten das Gebräu den Rückweg antreten, jedoch mit erhöhtem Druck, aber Texas-Bill zuckte nicht mit der Wimper.

Er stand wieder auf und meinte nur: „Danke fürs Bier. Ich muss mich jetzt erstmal hier umschauen. Morgen kann ich mich revangieren. Ich habe gehört, hier wäre irgendwo noch Live-Musik mit Tanz?"

„Keine Ahnung, aber ich glaube, das Rodeo-Festival ist erst morgen."

Stimmt, da war noch was. Wir hatten es auch an der Infotafel gelesen. Dieses Wochenende hatte die Dorfjugend ein Rodeo-Festival mit Bullenreiten, Countrymusik und Line Dance ausgeschrieben. Das erklärte nun sein Outfit. Aber er lebte seine Rolle. Klimpernd zog er weiter und wir schauten uns nur verdutzt an.

Am nächsten Morgen wurden wir durch laute Western- und Countrymusik geweckt. Nach einem Blick nach draußen konnten wir sehen, dass Texas-Bill eine Leine zwischen seinem Lone-Star-Mobil und einem Baum gespannt hatte. Er war gerade damit beschäftigt seine gewaschene Wäsche aufzuhängen. Dazu muss man aber erklären, dass Texas-Bill dabei seinen Hut aufbehielt, die Zigarette im Mundwinkel hing und die Cowboy-Boots anhatte. Verstörenderweise trug er sonst nichts weiter bis auf einen knallroten Slip. Als er sich jedoch bückte, um noch ein weiteres Kleidungsstück aus seinem Wäschekorb zu nehmen, war zu erkennen, dass es sich nicht um einen normalen Slip handelte, sondern um einen knallroten Stringtanga.

Gut, somit war die Sache mit dem Frühstück auch erledigt. Wir wussten nicht, ob wir lachen, heulen oder kotzen sollten. Der Appetit war jedoch verflogen. Die Frau von gestern Abend, die ihn noch mit leicht sächsischem Akzent gegrüßt hatte, baute sich gerade vor ihm auf. Mit den Händen in den Hüften und etwas nach vorne gebeugt fing ihre Tirade an.

„Was erlauben Sie sich hier halb nackt auf dem Campingplatz herumzulaufen. Sie machen einen riesen Krach hier mit ihrer Musik und der Wasserschlauch mit dem Sie ihre Wäsche gewaschen haben gehört zu uns. Eine Frechheit ist das!"

Texas-Bill reagierte überhaupt nicht auf die Sächsin und blieb bei seiner Tätigkeit. Das brachte die Frau noch weiter zur Weißglut: „Und überhaupt mit ihrem alten Wohnmobil, oder was das sein soll, haben sie gestern Abend hier alles vollgestunken."

Texas-Bill drehte ihr den Rücken zu und bückte sich, um ein weiteres Kleidungsstück aus dem Korb zu holen. Nun hatte die keifende Frau auch den besten Ausblick auf den dünnen, knallroten Faden, der die Rückseite des Stringtangas bildete.

„Helmuuuth!"

Sie drehte ab und rannte schreiend zu ihrem Wohnmobil in der Hoffnung, dass ihr Mann sie nun unterstützen würde. Und es dauerte auch keine 30 Sekunden, bis Helmut mit Boxer Short, Feinrippunterhemd auf der Bühne erschien.

„Nu, wos issn denn hier los?"

Bei ihm war es nun kein leichter Akzent mehr. In breitestem Sächsisch versuchte Helmuth nun sein Glück bei Texas-Bill. Auch Helmuth echauffierte sich über das spezielle Outfit. Allerdings bekam er nun eine andere Reaktion. Texas-Bill drehte sich langsam um, musterte Helmuth von oben bis unten und sprach in ruhigen, bedachten Worten:

„Na mein Hübscher, du hast aber eine schöne Boxer Short an. Soll ich dir meine String-Sammlung zeigen?"

Helmuth lief langsam aber sicher rot an. Machte einen Schritt auf Texas-Bill zu und gleich zwei Schritte wieder zurück. Er konnte kein Wort hervorbringen. Seine Frau aber umso mehr. Leider war es aber für uns nicht zu verstehen. Es war ein Wortschwall, der sicherlich Empörung und Ärger ausdrückte, aber durch ihren Dialekt, der nun doch deutlicher hervorkam konnten wir die Musik nicht mehr richtig verstehen.

Helmuth blieb immer noch wie angewurzelt stehen. Nun aber mit offenem Mund. Texas-Bill hingegen ging nun in seinem Stringtanga, dem Cowboyhut, der Zigarette im Mundwinkel und den Boots auf Helmuth zu. Er legte seine eine Hand um Helmuths Hüfte und mit der anderen Hand nahm er Helmuths Hand. Er begann mit ihm zur Countrymusik zu tanzen. Helmuths Füße machten zwar mit, aber der Rest war immer noch unbeweglich und wurde von Texas-Bill geführt.

Frau Sächsin dagegen war inzwischen ähnlich wie ihr Mann rot angelaufen. Jedoch funktionierte ihr Mundwerk immer noch, was zwischenzeitlich auch die anderen Camper aus ihren Domizilen getrieben hatte.

Nicht wenige Camper hatten an diesem Morgen Fotos auf ihren Handys, auf denen zwei Männer in Unterwäsche beim Tanzen zu sehen waren.

Ein (fast) unbenutztes Zelt zu verschenken

Es war ein ganz normaler Wochentag. Die Temperaturen kletterten schon um 10 Uhr auf über 30°C. Zurzeit gab es nirgendwo Schulferien, was bedeutete, dass der Campingplatz nur von ein paar Rentnern bevölkert war, die um diese Uhrzeit meistens auf ihren E-Bikes die Gegend erkundeten.

Da ich gerne zu diesen Gelegenheiten meinen Urlaub genieße, war ich relativ alleine im campingeigenen Biergarten. Ein paar Weißwürste und ein Weißbier sollten es auch im Urlaub schon sein.

Hier im Biergarten hatte ich eine gute Aussicht auf den Eingang des Platzes und auch auf die Zeltwiese, die sich gleich neben der an den Biergarten angrenzenden Rezeption befand. Immer wieder kamen ein paar E-Bikes mit weißbehaarten Ehepaaren vorbeigefahren, die erst jetzt die Radwege der Umgebung erkunden wollten. Eher seltener war es dann, dass ein Neuankömmling auf den Platz fuhr.

Dieses Mal war es sogar besonders ungewöhnlich, da es sich um einen schnittigen Sportwagen handelte, in dem eine zierliche blonde Frau saß, die umständlich probierte an die Sprechanlage der Einfahrtschranke zu kommen. Ihr Arm war zu kurz, um den Knopf der Sprechanlage zu drücken. Ich schaute mir die Situation interessiert an.

Nun probierte sie die Türe zu öffnen, um auszusteigen und den Knopf zu drücken. Das scheiterte aber daran, dass sie wohl noch angeschnallt war. Sie zog die Türe wieder zu und schnallte sich ab. Leider war ihr Arm immer noch zu kurz und dieses Mal – sichtlich genervter – öffnete sie die Autotür mit einem kräftigen Ruck. Vielleicht wollte sie so den Schrankenautomat etwas zur Seite schieben. Da dieser Kasten aber fest mit dem Boden verschraubt schien, hörte man das dumpfe Geräusch, wie Metall auf Metall knallte.

Jetzt hatte sie nicht nur eine Beule in der Tür, einen Kratzer am Schrankenautomat und deutlich weniger gute Laune, sondern immer noch zu kurze Arme, um den Knopf zu drücken.

Ein freundlicher Rentner, der gerade auf seinem E-Bike den Platz verlassen wollte, hielt neben ihr an und drückte für sie den Knopf. Mit einem kurzen Nicken und breitem Grinsen fuhr er aber sofort mit seiner Gattin weiter.

Nun tat sich was an der Schranke. Die blonde Frau beugte sich aus dem Fenster und sprach irgendetwas in die Gegensprechanlage. Die Schranke wurde geöffnet. Ruckartig fuhr die Dame mit ihrem Sportwagen an und hielt direkt neben der Rezeption. Noch zwei Meter weiter und sie wäre auch direkt in den Biergarten gefahren.

Mit Stöckelschuhen stolzierte sie nun in den Biergarten und fragte den erstbesten Angestellten, wo denn nun die Rezeption sei, mit der sie gerade an der Schranke gesprochen hatte. Der freundliche Angestellte wies ihr mit einer Handbewegung zur Tür, über der in großen Buchstaben ´REZEPTION` geschrieben war. Das waren nun schon zwei schwierige Aufgaben, die unsere Blondine bewältigt hatte. Erst die Schranke und dann die Rezeption finden. Auf zu Level 3!

Nach einer Weile kam sie auch aus der Rezeption wieder heraus. Stieg in ihren Sportwagen und fuhr – viel zu schnell für einen Campingplatz – auf die Zeltwiese. Leider war ihr Sportwagen nicht für das Gelände geeignet. Der Absatz zwischen Schotterweg und Zeltwiese war zwar nicht sonderlich hoch, jedoch für einen Sportwagen ungeeignet. Ein ekliges Geräusch entstand, als die Frontschütze sich verbog.

Die Fahrerin störte das aber nicht wirklich, denn sie fuhr zwar jetzt langsamer, aber immer weiter auf die Wiese. Irgendwann hörte das Geräusch auch wieder auf, als ein Teil der Frontschütze abgerissen war. Erst der Vorder- und dann der Hinterreifen fuhren über das abgerissene Plastikteil hinüber. Da das Geräusch nun verstummt war, gab die Neucamperin wieder mehr Gas. Dies wiederum hatte die Folge, dass ihr heckgetriebenes Fahrzeug auf der Hinterachse ausscherte. So stand unsere Formel-1-Pilotin quer auf der Zeltwiese.

Aber auch Level 3 wurde von ihr letztendlich bewältigt. Jetzt war ich gespannt, was als nächstes passieren würde. Ich musste zwar den Stuhl wechseln, damit ich besser auf die Zeltwiese sehen konnte, aber der Umstand war es mir locker wert. Wann bekommt man schon mal am frühen Morgen so eine Unterhaltung geboten?

Blondi hatte jetzt einen für sie geeigneten Platz gefunden und stieg immer noch mit Stöckelschuhen aus. Im viel zu kleinen Kofferraum war eine kreisrunde Plastiktasche verstaut, die nun zum Vorschein kam. Es war eines dieser neumodischen Pop-up-Zelte. Man öffnete den Verschluss und brauchte es einfach nur auf die Wiese zu schmeißen, damit das Zelt seine Form entfaltete.

Allerdings wurde der Verschluss nicht gleich von ihr geöffnet und so warf sie die Tasche mehrmals auf den Boden, ohne dass irgendetwas passierte. Nach dem 4. oder 5. Versuch fiel ihr dann auf, dass irgendetwas nicht stimmte. Sie untersuchte die Tasche, fand den Verschluss, öffnete ihn, blickte sich pikiert um und warf das Zelt erneut auf den Boden. Nun war der runde Plastikbeutel zu einem Zelt erwachsen. Nächstes Level erreicht.

In der Verpackung waren wohl noch ein paar Heringe dabei, die sie nun gefunden hatte. Erstaunlicherweise kam sie von selber gleich darauf, dass diese Heringe zur Befestigung des Zeltes dienten. Sie bückte sich und versuchte die Heringe durch die Ösen am Zelt in den Boden zu drücken. Da es aber seit einigen Tagen nicht mehr geregnet hatte, war der Boden entsprechend hart und es klappte nicht richtig. Mit ihrer ganzen Cleverness zog sie einen ihrer Stöckelschuhe aus und benutzte die Sohle als Hammer. Es klappte. Level abgeschlossen.

Wer jetzt dachte, dass nun das Campingleben für sie beginnen würde, der hatte sich getäuscht. Sie setze sich in ihr Sportcoupé und richtete ihren Lippenstift mit Blick in den Rückspiegel. Dort verblieb sie nun für ca. 1-2

Weißbierlängen. Ich hatte fast schon das Interesse verloren, als ein typischer Familien-Van an der Schranke hielt. Ein Mann drückte auf den Knopf und die Schranke öffnete sich. Die Blondine erwachte zu neuem Aktionismus und sprang händewedelnd aus ihrem Sportwagen und dirigierte den potentiellen Familienvater zu ihr und ihrem Zelt.

Zur Begrüßung gab es ein Bussi links, ein Bussi rechts und er musterte ihr Zelt. Schulterzuckend nahm er ihre Hand und begab sich mit ihr zusammen in das Innere des erstaunlich geräumigen Zelts. Der Reißverschluss wurde von innen verschlossen und man konnte nur an den Bewegungen erahnen, dass im Zelt noch einiges wohl hin und her geräumt wurde.

Das hin- und hergeräume nahm aber kein Ende. Ganz im Gegenteil, es wurde immer gleichmäßiger, wenn nicht sogar rhythmischer. Nun war auch dem letzten klar, was in diesem Zelt bei über 30°C, mitten auf der Zeltwiese, vor ein paar sich auf den Weg machenden E-Bikern und mir passierte. Dieser Frühschoppen war wirklich sehr unterhaltsam.

Nach ungefähr einem weiteren Weißbier ebbten die Bewegungen ab. Es wurde auf einmal ganz ruhig, bevor wieder ein paar unkoordinierte Bewegungen zu sehen waren. Der

Reißverschluss ging auf und der Mann kam heraus. Auch ihr Kopf war nun zu erkennen. Die Frisur hatte sichtbar gelitten und die Knochen schienen etwas zu schmerzen.

Er gab ihr zum Abschied ein Bussi auf die Wange und fuhr mit seinem Familien-Van vom Platz. Sie hatte es nicht so eilig. Sie ordnete ihre Kleidung, achtete auf ihr Make-up und verschloss sorgsam den Reißverschluss vom Zelt. Wieder ein Level beendet.

In ihren Stöckelschuhen kam sie nun ungelenk über die Wiese in Richtung Biergarten gewackelt. Ihr Rock hatte deutlich mehr Falten bekommen als noch zuvor. Ich versuchte ganz unbeteiligt in die Gegend zu schauen, da sie genau auf mich zu kam.

Vor meinem Tisch blieb sie stehen, schaute mich an und meinte:

„Entschuldigung, ich muss überraschend wieder los. Brauchen Sie noch ein Zelt? Ich habe es nur einmal aufgebaut und sonst ist es fast noch neu."

Nun schlug es mir die Kinnlade herunter. Ich konnte gerade noch stammeln, dass ich ausgerechnet gerade eben kein Zelt bräuchte.

Dass ich aber auch kein auffaltbares Liebeshotel haben wollte sagte ich ihr jedenfalls nicht. Der Angestellte, der ihr vorher schon die Rezeption gezeigt hatte ließ sich aber das Zelt zeigen. Er hatte auch nicht die Aktivitäten vor ein paar Minuten miterlebt. Er gab ihr die Hand und der Besitzwechsel war abgeschlossen.

Die Blondine stieg wieder in ihren Sportwagen, schrammte abermals über die Kante zwischen Zeltwiese und Schotterweg und konnte froh sein, dass die Schranke von dieser Seite aus eine Kontaktschleife hatte.

Mission completed!

Urlaub in Great Britain

Heute ist mein letzter Arbeitstag. Endlich. Nach 48 Berufsjahren reicht es auch langsam mal. Meine letzten 10 Jahre hatte ich bei dieser Versicherungsgesellschaft in der Verwaltung verbraucht. Alleine in dieser Zeit wurde der Name der Versicherung dreimal geändert. Dies hatte sich jedoch nicht positiv auf den Zusammenhalt der Mitarbeiter ausgewirkt. 10 Jahre in einem Großraumbüro als Sachbearbeiter hätte eigentlich auch einen näheren Kontakt zu den Kollegen ergeben müssen, aber hier kochte jeder sein eigenes Süppchen.

„Maier, bis 16 Uhr ist ihr Schreibtisch leer und nachdem Sie gestempelt haben, erwarte ich ihren Mitarbeiterausweis auf meinem Schreibtisch."

Das waren die freundlichen Worte meines Abteilungsleiters, der vom Alter her auch mein Enkel hätte sein können. Gerade vom Studium und gleich in eine Führungsposition. Der Mann hatte noch nie in seinem Leben richtig gearbeitet und auch jetzt war er die meiste Zeit in irgendeinem Meeting mit seiner Freundin aus der Nachbarabteilung, in einer Raucherpause oder er hatte sich in seinem Büro eingeschlossen, um wahrscheinlich irgendwelche Online-Spiele zu spielen.

Wenigstens war er der Einzige, der bemerkt hatte, dass heute mein letzter Tag war. Da ich auf ein gewisses Niveau zurückgreifen konnte, verkniff ich es mir auf seinem Schreibtisch meine Notdurft zu verrichten. Verdient hätte er es. Und die ganze Abteilung auch. Aber dann hätte ich bereits letzten Monat anfangen müssen.

Punkt 15 Uhr war mein Schreibtisch aufgeräumt. Sämtlichen Anrufern hatte ich mitgeteilt, dass Sie mich bitte morgen anrufen sollten und dann hatte ich ihnen auch gleich meine (es war die Nummer meines Abteilungsleiters) direkte Durchwahlnummer gegeben. Auch die Bearbeitung eines größeren Wasserschadens nahm ich noch an und teilte den Sachverständigen vor Ort mit, dass sie mich am nächsten Tag besser erreichen könnten.

Ich stand auf, stempelte und legte den Mitarbeiterausweis auf den Schreibtisch meines Chefs. Er hatte sogar sein Handy dort liegen lassen. Das war bei ihm eher ungewöhnlich, aber ich nutzte die Gelegenheit, um noch schnell dreimal den falschen PIN einzugeben.

Zurück im Großraumbüro stellte ich mich mitten in den Gang und schrie aus voller Brust:

„Tschüss ihr Luschen. Ich bin weg!"

Einige schauten verdutzt auf, andere nahmen gar keine Notiz und so ging ich Richtung Ausgang. In der Tür kam mir mein Chef entgegen.

„Maier, Sie haben noch eine Stunde!"

„Ich gehe. Kündigen Sie mich halt."

Ich ließ ihn einfach stehen und ging davon.

Draußen wartete bereits meine Frau. Wir wollten sofort noch zur Wohnmobilvermietung. Wir hatten meinen Abgang bereits seit längerem im Detail geplant und in einer halben Stunde hatten wir den Termin, um das gemietete Wohnmobil für die nächsten vier Wochen abzuholen.

Ausführlich wurden wir in die Technik und die besonderen Raffinessen des Wohnmobils eingeführt. Es war perfekt für zwei Personen mit Hubbett, sodass man noch ausreichend Platz zum Wohnen hatte. Auch auf einen Fahrradträger hatten wir bestanden, da wir ja nicht die ganzen vier Wochen im Wohnwagen sein wollten.

Unser Ziel war Großbritannien. Wir wollten die Insel einmal umrunden und Land und Leute kennenlernen. Hierfür waren mehrere Fahrradtouren und Wanderungen geplant, da auch abseits geteerter Straßen die Gegenden sehenswert erschienen.

So fuhren wir, nachdem die Formalitäten erledigt waren, mit unserem Mietwohnmobil, wir tauften es Herbert, nach Hause, um unser Reisegepäck zu verstauen. Als letztes wollte ich morgen früh noch die Fahrräder festmachen, da diese nicht die ganze Nacht hinten angebracht sein sollten.

Nach einem guten Frühstück (ja, das würden wir vermissen) waren wir reisefertig. Mein altes Büro hatte bereits 3x angerufen, was mich aber überhaupt nicht mehr störte. Meine Handynummer war zum Glück nicht bekannt. Wahrscheinlich gab es noch die eine oder andere Frage zu Versicherungsfällen, die mich jetzt aber rein gar nicht mehr interessierten.

Die Fahrräder waren nun auch auf dem Fahrradträger und es ging los. Wir hatten es nicht soweit bis zur belgischen Grenze und somit auch nicht so weit zu unserer Fähre, die in Oostende abfahren sollte. Vier Stunden Überfahrt waren schon mal die erste Erholung.

Es war Anfang Juni und wir hofften auf mildes Wetter im regengeplagten Großbritannien. Bis jetzt sah es auch gar nicht so schlecht aus. Der Wetterbericht hatte für die nächsten Tage Sonnenschein und angenehme Temperaturen angekündigt und so fuhren wir, leicht bedrängt von einem rumänischen Lastwagen von der Fähre herunter.

Was ich wohl etwas unterschätzt hatte, war der Einfallsreichtum der rumänischen LKW-Fahrer, was die Befreiung von Fahrrädern von Fahrradträgern anging. Zumal ich beim Einsteigen auf der Fähre nicht um Herbert herumgelaufen war.

Nach einer halben Stunde hielten wir auf der Autobahn nochmals an, um ein paar Fotos zu schießen. So ein Autobahnparkplatz ist zwar touristisch gesehen nicht der letzte Schrei, aber da wir auf einer Anhöhe waren, hatte man einen schönen Ausblick.

„Ach guck mal, da ist der LKW, der vorher auf der Fähre hinter uns stand."

Meine Frau zeigte auf den rumänischen LKW, der gerade auf der Autobahn an uns vorbeifuhr. Wir ahnten nicht, dass wir unseren Fahrrädern nie wieder so nahe kamen…

Nachdem wir auch noch einen selbstaufgebrühten, kontinentalen Kaffee getrunken hatten, machten wir uns weiter auf den Weg. Wir wollten ziemlich bald von der Autobahn abfahren, um an der Kanalküste zu bleiben. Unser erstes Ziel war Hastings mit dem bekannten Hastings Pier. Hier wollten wir uns auch für die erste Nacht einen Campingplatz oder eine Übernachtungsmöglichkeit suchen.

Wir fanden einen liebreizenden Platz etwas außerhalb, aber das war ja nicht so schlimm. Man konnte ja mit den Fahrrädern an die Strandpromenade radeln.

Hoppala! Es mag zwar für den Benzinverbrauch vorteilhafter sein, aber wir vermissten dann doch unsere Fahrräder. Es waren zwar keine teuren E-Bikes – wir waren ja noch jung! – aber es ist doch ärgerlich, dass sich nun jemand anderes an meiner Dreigang-Nabenschaltung erfreuen würde.

Wir nahmen den Bus.

Ich hatte mir mehr erhofft. Eindeutig eine Touristenabzocke. Die Häuser waren zwar ganz nett anzuschauen und der Pier versprach auch das, was ich erwartet hatte, jedoch wollte ich nicht so schnell meine Pfunde – abgesehen auf der Waage – loswerden. Bei Maggie´s mussten wir 9 Pfund für ein Essen ausgeben, für das wir zu Hause vielleicht gerade mal die Hälfte bezahlt hätten. Aber wir waren ja im Urlaub und wir hatten heute schon einiges dazu gelernt: Schließ deine Fahrräder auf dem Fahrradträger ab, geh nicht an den Touri-Hot-Spots essen und Bier können die Engländer überhaupt nicht!

Wenigstens hatten wir eine ruhige Nacht. Bis auf die weitentfernte Brandung war es sehr ruhig. Am nächsten Tag wollten wir ins Landesinnere, um auch den einfachen Mann (oder Frau) vom Lande kennenzulernen.

Da fast jeder Englandtourist in London landet, wollten wir die Hauptstadt explizit ausklammern. Wir waren bereits vor einigen Jahren in London und brauchten uns somit nicht nochmal in das Verkehrschaos stürzen. Und schon gar nicht mit einem Mietwohnmobil.

Überhaupt fiel mir der Linksverkehr deutlich leichter, als ich gedacht hatte. Nur in jedem dritten Kreisverkehr – grob geschätzt – landete ich im Gegenverkehr. Auf dem Land war das kein großes Ding. Kurz beim Gegenverkehr entschuldigen und weiter ging es. Die Einheimischen konnten ja sehen, dass ich ein deutsches Kennzeichen hatte.

In den nächsten Tagen fuhren wir immer rund 20-50 km von der Küste entfernt auf Landstraßen oder noch schlechter ausgebauten Wegen. Wir übernachteten teils auf Campingplätzen, am Straßenrand oder auch auf Supermarktparkplätzen.

Einzig in der Gegend von Portsmouth, Southampton und Bournemouth schauten wir uns die Küstenstädte genauer an. Auch in Cornwall hielten wir uns nicht länger auf. Bereits in Plymouth waren wir nur noch auf einem Tagesausflug und verlagerten dann unsere Erkundungen in Richtung Norden.

Im Bristolkanal schauten wir uns den Gezeitenwechsel an und waren beeindruckt, wie so eine Gezeitenwelle ins Landesinnere rollen konnte. Wir übernachteten in Birmingham in einer kleinen Seitenstraße und hatten somit unseren ersten Strafzettel über Nacht verdient. Im Schnitt war das aber immer noch günstiger, als jeden Tag die Campingplatz-Gebühren zu bezahlen.

Eine Schar Schulkinder war laut krakeelend an unserem Herbert vorbeigezogen und hatten uns somit aus dem Schlaf gerissen. Wir wollten uns noch die Stadt anschauen, aber nach der Schmach mit dem Strafzettel war ich von Birmingham bedient.

Unser erklärtes Tagesziel und auch eines unserer Hauptziele in diesem Urlaub war die Region Liverpool/Manchester. Als verkappter Fußballfan hatte ich unsere Tour so gelegt, dass wir zum Zeitpunkt des Stadtderbys zwischen Manchester City gegen Manchester United in der Stadt waren. Bereits vor Monaten konnte ich glücklicherweise eine Karte ergattern. Meine Frau wollte lieber einen Kaffee trinken gehen.

Jetzt ist Fußball in Manchester sowas wie Religion. Ein Kind bekommt praktisch mit der Geburt bereits vererbt, ob es für die Reds (United) oder die Skyblues (City) schreien wird. Entsprechend sind dann auch die Babystrampelanzüge rot oder hellblau. Ob es ein Junge oder Mädchen ist, wird sowieso an der Länge der roten Kopfhaare erkannt.

Auf der Straße sollte man sich nicht unbedingt outen, da man verhängnisvollerweise auch mal einen gegnerischen Fan treffen könnte, welcher einem dann eindrucksvoll und mit schlagkräftigen Argumenten erklärte, warum man sich für den richtigen Verein entscheiden müsste. Als Deutscher gibt es auch drei Fehler, die man auf jeden Fall vermeiden sollte, wenn man nach seiner Vereinsangehörigkeit gefragt wird. Auf die Frage, welchen Verein man unterstützt sollte man nicht antworten mit:

1. Ich bin Deutscher. Wir sind 4x Weltmeister geworden!
2. City oder United? Ich finde Liverpool auch nicht schlecht.
3. Fußball? Ist das nicht so ein Spiel, dass die Franzosen erfunden haben?

Diese Antworten fördern die Chance auf eine Fahrt mit Blaulicht in das nächstgelegene Krankenhaus.

Auch nach einem Spiel sollte man nicht zwischen die rivalisierenden Fanblöcke geraten, da doch schnell aus einer ausgelassenen Stimmung eine zünftige Schlägerei entstehen kann. In England fällt das aber schon unter Brauchtum. Eine eigene Folkloregruppe, die sogenannten `Hooligans´ gingen daraus hervor. Diese sind recht leicht an Narben im Gesicht und ausgeschlagenen Zähnen zu erkennen. Außerdem ist der Intelligenzquotient nicht höher als die durchschnittliche Außenlufttemperatur in England.

Nach dem Besuch von Old Trefford, dem Stadion von Manchester United, wollten wir uns noch in das nahegelegene Liverpool begeben, um dort den Spuren unserer Lieblingsmusik der 60er und 70er Jahren näher zu kommen. Unter anderem sind hier die Beatles entstanden und das ist noch deutlich in dieser Stadt zu spüren. Ansonsten ist Liverpool eine reine Arbeiterstadt.

Etwas nördlich von Liverpool fanden wir am Rande eines Naturschutzgebietes einen schönen Campingplatz praktisch in den Dünen. Formby Point Caravan Park hieß das Ganze und war zwar fast nur mit Dauercampern belegt, aber für uns Touristen mit unserem Herbert konnte trotzdem noch ein Plätzchen gefunden werden.

Wir blieben hier gleich zwei Nächte, um uns auch ein bisschen zu erholen. In dieser Gegend gab es viel Schießtrainingsmöglichkeiten. Ob nun mit Pfeil und Bogen oder auch mit dem Paintballgewehr hatten wir unseren Spaß. Abgerundet wurde der Aufenthalt durch ausgiebige Spaziergänge in der Natur. Leider hatte das Wetter etwas umgeschlagen und eine steife Brise brachte vom Meer doch den einen oder anderen Niederschlag mit. Englisches Wetter halt.

In dieser Zeit erhielten wir nun auch nach zwei Wochen einen Anruf von Zuhause. Unsere Tochter, die hin und wieder mal nach den Blumen schauen sollte, gratulierte uns zu unserem 50. Anruf auf dem Anrufbeantworter. 49 Anrufe waren von meinem ehemaligen Arbeitgeber. Meine Tochter hatte aber sich nicht mal die Hälfte angehört, um dann die Löschtaste zu drücken. Tante Anneliese hatte uns übrigens noch für Freitag letzte Woche zum Kaffee eingeladen. Wir waren aber bekanntlich unterwegs.

Übrigens apropos Kaffee... Das, was die Engländer als Kaffee bezeichnen, würde in einer gewöhnlichen Bäckerei in Deutschland ein Kündigungsgrund sein. Einzig die Farbe war vergleichbar. Ansonsten war der Geschmack ganz nah mit Brackwasser zu vergleichen. Wir waren deshalb recht schnell auf Tee umgestiegen, denn das konnten die Briten.

Wir verließen unseren Campingplatz wieder und fuhren nun in größeren Etappen in Richtung Schottland. Wir wollten Loch Ness sehen. Es wäre doch gelacht, wenn wir ein Foto von Nessi bekommen könnten. Leider war dies nicht der Fall. Das Wetter spielte nicht mit und wir orientierten uns nun an den Straßenschildern, auf denen Edinburgh bereits angeschrieben war.

Heute würden wir die Stadt nicht mehr erreichen und da es wieder etwas stärker zu regnen begann, fragten wir bei einem Bauernhof, ob wir die Nacht bei ihm auf der Wiese verbringen dürften. Das war natürlich gar kein Problem und er lud uns sofort zu sich in seine gute Stube ein.

Ich muss sagen, dass man günstiger wohl nicht mehr an einen Whisky kommen konnte. Unser Gastgeber konnte uns so einiges erzählen, wobei wir aufgrund des schottischen Dialekts nur die Hälfte verstanden. Er hingegen wollte alles über München und das Oktoberfest wissen, auf das sein Schwager vor wohl 30 Jahren gegangen war. Da wir aber nicht aus München kommen, mussten wir ihm unser bescheidenes Fernsehwissen vermitteln.

Es war schon stockdunkel und wir waren kein bisschen mehr stocknüchtern, als wir uns in unserem Herbert zum Schlafen legten. Es war angenehm einzuschlafen, als der Regen auf das Dach plätscherte und die Standheizung leicht summte.

Am nächsten Morgen wurde ich durch einen schrillen Schrei meiner Frau geweckt. Wir hatten am Abend vergessen die Vorhänge zu schließen und so schaute ein schottisches Gallowayrind kauend in unser Schlafgemacht. Nachdem der erste Schreck verflogen war, schoss es mir durch den Kopf, dass das Rindvieh hoffentlich keine Kratzer hinterlassen hatte. Die Hörner des Tiers waren nämlich schon ziemlich beeindruckend. Als ich aber die

Tür öffnete erschrak sich das Rind und trottete zu seiner Herde von dannen.

Na wenigstens waren wir nun wach. Interessanterweise hatte weder meine Frau noch ich irgendwelche Kopfschmerzen, obwohl wir deutlich mehr als eine Flasche Whisky inhaliert hatten. Unser Gastgeber saß bereits schon auf seinem Trecker und wir konnten noch gerade sehen, wie er hinter dem nächsten Hügel verschwand. Also machten auch wir uns startbereit und fuhren die letzten Meter nach Edinburgh. Auch hier machten wir eine Stadtbesichtigung und orientierten uns danach an der Ostküste, um wieder Richtung Süden zu gelangen.

Hier an der Ostküste war weniger los, als noch auf der anderen Seite der Insel. Wir fuhren entlang der Küste von Ortschaft zu Ortschaft und da, wo es uns gefiel hielten wir an. War es Abend, übernachteten wir irgendwo am Straßenrand und war es erst mittags suchten wir uns irgendwo einen kleinen Imbiss oder ein kleines Restaurant.

Eines Abends, wir waren bereits schon in unserer vierten und letzten Woche, kamen wir recht spät abends einfach nicht in einer Ortschaft an, die uns zusagte. Es wurde schon dunkel und so entschlossen wir uns bei der nächsten Möglichkeit anzuhalten. Wir fuhren einfach in Richtung Strand etwas von der Straße herunter und stellten uns hin. Es war wohl ein etwas sandiger Untergrund. Soviel bekamen wir noch mit. Auch konnten wir die Lichter der nächsten Ortschaft schon sehen, aber wir wollten einfach nur noch die Augen schließen und die Nacht verbringen.

Am nächsten Morgen wachten wir durch das plätschern der Wellen auf. Ich schaute aus dem Fenster und sah – Wasser! Überall Wasser! Gut, ich konnte schnell feststellen, dass Herbert nicht schwamm, sondern immer noch auf seinen Rädern stand. Aber auch die Verbindung zum Land war bereits unter Wasser. Ich wollte schnell meine Schuhe anziehen und schauen, wie hoch das Wasser schon stand, aber bei einem Blick aus der Tür verkniff ich mir das Vorhaben. Ohne Schuhe testete ich die Wassertiefe. Es war zum Glück nur knöcheltief und ich beschloss Herbert mit seinem Motor im Rückwärtsgang zu befreien.

Ganz langsam gab ich Gas, doch es passierte nichts. Ich dachte schon daran, dass ich dem Vermieter mitteilen müsste, dass Herbert irgendwo zwischen England und Norwegen treiben würde, als ich auf der Landstraße einen Bauern mit Traktor vorbeifahren sah. Auch er hatte uns und unsere missliche Lage bemerkt.

Ein Abschleppseil wurde am Heck von Herbert angelegt und der Traktor konnte uns mühelos herausziehen. Diese Rettungsaktion kostete mich jedoch den letzten Vorrat an deutschem Büchsenbier. Meine 3 Kartons Discounterbierdosen waren somit aufgebraucht. Nun musste ich mich doch auf eine Exkursion mit den örtlichen Brauereierzeugnissen einlassen.

Aufgrund eines Tipps unseres Retters fanden wir uns in Woodbridge, einem Städtchen ein paar Kilometer landeinwärts, zum Biertrinken ein. Der örtliche Pub sollte mich nun über gutes Bier in England überzeugen. Herbert war gut geparkt und konnte notfalls auch die Nacht auf seinem jetzigen Platz verbringen. Das musste er dann auch.

Als erstes probierte ich das landestypische Guinness Bier. Optisch dem Düsseldorfer Altbier sehr ähnlich, bloß ohne Schaum. Geschmacklich war das Gebräu aber eher einem Fass Altöl mit Lakritze-Noten ähnlich. Hiervon würde ich keinen Rausch bekomme. Die zweite Wahl war dann das örtliche Lager-Bier. Dieses Gesöff sollte mir heute zum Verhängnis werden. Vom Geschmack her erinnerte mich dieses Bier eher an Wasser, als an mein Dosenbier aus dem Discounter. Jedoch unterschätzte ich dabei den Alkoholgehalt.

Da wir durch unseren Retter mit dem Traktor gut ins Gespräch gekommen waren, wurde den ganzen Nachmittag ein Bier nach dem anderen getrunken. Meine Frau erzählte mir am nächsten Morgen, dass ich die gesamte Fahrbahnbreite für den Heimweg gebraucht hätte. Nicht einen Meter hätte ich heute noch Autofahren können. Trotzdem war es ein schöner Tag, nachdem was mir davon im Nachhinein erzählt wurde.

Unsere Fahrt neigte sich nun dem Ende zu. Wir waren nicht mehr weit weg von Dover und wollten nochmals einen schönen Spaziergang machen. Wir gingen dem Strand entlang und genossen nochmals die letzten Sonnenstrahlen, die wir in England mitbekommen würden. Im Anschluss stellten wir, wie sooft unsere Schuhe außen ab, damit wir den Schmutz nicht in Herbert hineinschleppen würden.

Auf dem Parkplatz waren auch einige LKWs abgestellt, die wohl auf Ihre Verschiffung auf das Festland warteten. So kam es auch, dass wir uns in Deutschland nicht nur neue Fahrräder, sondern auch neue Wanderschuhe kaufen mussten. Beide Verluste waren zwar ärgerlich, konnten uns aber diesen wunderbaren Urlaub nicht vermiesen.

Wie ich zu Sammy kam

Diesen Sommer hatte ich mich entschlossen alleine mit meinem alten, selbst restaurierten Campingbus in den Urlaub zu fahren. Ich wollte vom Ruhrgebiet, da bin ich zuhause, an die Biskaya Küste fahren. Mehrere Monate hatte ich an dem alten Bus geschraubt, nur damit der TÜV mir immer wieder zu verstehen gab, dass mein Werk noch nicht vollendet war. Erst waren die Stoßdämpfer marode, dann war die Elektrik von einem Rücklicht defekt, dann wiederum waren die Bremsleitungen hinüber und auch der Rost war soweit fortgeschritten, dass ich immer wieder schweißen musste. Aber endlich, es war gerade noch so eben warm genug, konnte ich meine Tour beginnen.

Ich verabschiedete mich von meinen Lieben und meinem Chef, knallte die Türe zu und wollte los. Verdammt, jetzt klemmte dieses blöde Schloss am Bus wieder... Naja, inzwischen hatte ich soviel Erfahrung, dass ich solche Kleinigkeiten immer mit dem mitgeführten Werkzeug reparieren konnte. Aber wieder 5 Minuten Urlaubszeit verloren.

Auf der deutschen Autobahn kam ich gut voran und in Frankreich wollte ich, um die teure Maut zu sparen, viel über die Landstraße fahren.

Es war schon später Nachmittag und die Zeit schien gekommen, dass ich mir nun langsam ein Quartier, bzw. einen Platz für die Nacht suchen sollte. Ich steuerte einen kleinen Parkplatz an, um mir die Zeit zu nehmen einen geeigneten Stellplatz auf der Karte zu finden. Gleichzeitig konnte ich mir auch ein bisschen die Beine vertreten.

Es war ein recht einsamer Parkplatz an einer recht belebten Straße. Nur durch ein paar Striche war die Parkbucht von der Straße auf der einen Seite getrennt und auf der anderen Seite begann gleich ein kleines Wäldchen. Ein paar Bänke und Mülleimer waren noch aufgestellt und es schien mir ein geeigneter Platz für das Studium meiner Landkarte zu sein.

Ich hielt an und packte meine Planungsunterlagen, um mich auf eine der einladenden Bänke zu setzen. Abgesehen vom Straßenlärm war dies eine recht idyllische Gegend. Leichte Hügel, große Felder und hier und da auch ein kleines Wäldchen, so wie hier an diesem Parkplatz. Ich setze mich hin und schlug meine Karte auf. Gerade in einer Pause, als kein Auto vorbeischoss, meinte ich ein leises Wimmern zu hören. Aber ich könnte mich auch geirrt haben, denn es ging eine leichte

Brise, die auch diese Töne verursacht haben könnte.

Wieder eine Pause im Straßenverkehr und ich hörte abermals dieses Wimmern. Es war auch irgendwie ein Fiepsen dabei. Das konnte nicht vom Wind alleine kommen. Ich stand auf und wollte der Ursache des Geräusches auf den Grund gehen. Und dann sah ich es.

Ein kleiner Hund, wahrscheinlich noch ein Welpe, saß da im Unterholz. Eine Leine war am nächsten Baum angebunden, welche ihn zurückhielt. Ich näherte mich dem kleinen Welpen und als er mich sah, sprang er erst auf und setzte sich dann freundlich hecheln auf seine Hinterpfoten. Ein paar auffordernde Beller wurden nun mir entgegengeworfen. Er wedelte immer freudiger mit dem Schwanz, als ich mich ihm näherte.

Irgend so ein Ignorant hatte den Kleinen hier festgebunden und war abgehauen. So etwas konnte ich ja gar nicht ab. Ich ging vor ihm in die Hocke und reichte ihm meinen Handrücken entgegen, damit er mich abschnuppern konnte. Das dauerte nicht lange und eine kleine, feuchte Zunge leckte über meinen Handrücken. Ich richtete mich auf und auch der Kleine versuchte aufzustehen. Er versuchte Männchen zu machen und winkte mir praktisch mit seinen beiden Vorderpfoten zu. Er wollte irgendetwas von mir. Na klar, er hatte sicherlich Durst und Hunger.

Ich wollte ihn gerade losbinden, da viel mir noch eine zweite Leine auf, die ebenfalls am Baum festgebunden war. Allerdings war das Halsband leer. Entweder hatte der Hundebesitzer einen Hund doch mitgenommen, was eigentlich recht unwahrscheinlich war, oder der andere Hund hatte sich aus dem Halsband befreien können. Da der kleine Welpe auch noch nicht sehr groß war, nahm ich an, dass der ausgemopste Hund ebenfalls ein Welpe war und so vielleicht aus dem Halsband schlüpfen konnte.

Ich entschloss mich dazu den verbliebenen kleinen Welpen, es war übrigens ein kleiner Rüde, die Witterung aufnehmen zu lassen. Vielleicht konnte er sein Geschwisterchen ja selber finden. Die leere Leine nahm ich natürlich mit.

Ich taufte ihn Sammy. Warum auch immer, aber der Name viel mir einfach gerade ein und dann sollte es so sein. Eine Marke war nicht an Sammy dran und so hatte ich freie Namenswahl. Jedenfalls ging ich davon aus und beschloss es nun auch so. Dass ich Sammy hier nicht alleine lassen würde war sowieso klar.

Als ich die Leinen vom Baumstamm losmachte, fing Sammy auch gleich an am anderen Ende zu ziehen. Er wollte unbedingt – vorbei an meinem Bus – auf die Straße zulaufen. Ich bremste ihn natürlich und wir blieben am Straßenrand stehen, bis die Straße frei war. Sammy setze sich auch ganz brav hin und wartete mit mir. Immer wieder schaute er zu mir hoch und lächelte mich freundlich an. So war jedenfalls meine Interpretation seines Gesichtsausdruckes.

Als endlich die Straße frei war machte ich einen Schritt nach vorne und Sammy stürmte gleich voraus. Er hatte die Nase am Boden und versuchte sicherlich eine Spur von seinem Geschwisterchen aufzunehmen.

Ich sah es zuerst. Auf der Straße waren Blutspuren. Sammy konnte es noch nicht sehen, hielt aber schnüffelnd darauf zu. Da gerade wieder ein Auto angerauscht kam, zog ich Sammy aber erstmal von der Straße herunter. Wir standen nun auf der anderen Straßenseite und Sammy wollte auf den Blutfleck zu rennen. Ich bremste ihn, damit er nicht auf die Straße konnte.

Ich verfolgte die Blutspur und sah voller Schrecken das unvermeidliche. Ein paar Meter weiter lag ein toter Tierkörper im Straßengraben. Sammy war noch nicht so weit, doch er hatte die Spur nun auch gewittert und zog mich nun immer weiter auf die Stelle mit dem toten Tier zu.

Es war gleich zu erkennen, dass es ein kleiner Hund, ungefähr genauso groß wie Sammy. Er war blutverschmiert und die Fliegen kreisten um ihn herum. Er mochte vielleicht erst wenige Stunden überfahren worden sein. Die Blutspuren waren alle noch recht frisch.

Sammy näherte sich nun seinem Geschwisterchen. Er schnupperte an der Tierleiche. Vorsichtig versuchte er mit der Vorderpfote seine Schwester – es war ein Weibchen – aufzuwecken. Sammy konnte wohl nicht verstehen, dass dies nicht mehr möglich war. Er lief um sie herum und versuchte mit seiner Nasenspitze seine Schwester zum Aufstehen zu bewegen. Natürlich erfolglos.

Nun hatte es Sammy wohl verstanden, dass er sich verabschieden musste. Er setze sich vor seine Schwester und fing wieder zu wimmern und zu fiepsen an. Dann legte er sich hin. Seine Vorderpfoten nach vorne gestreckt und sein kleines Köpfchen dazwischen. Er trauerte. Und ich auch.

Ich konnte seine Schwester nicht einfach so liegen lassen. Ich machte Sammy, ohne dass er es bemerkte an einem Straßenschild, welches genau daneben stand fest, holte einen Klappspaten aus meinem Bus und kam zurück.

Ich nahm den kleinen toten Hund und legte ihn ein paar Meter weiter auf den Waldboden. Sammy war immer noch verstört und ließ seine Schwester nicht aus den Augen. Der kleine Hund musste unbedingt begraben werden. Mit dem Klappspaten grub ich ein Loch, sodass der Kadaver auch tiefgenug vor Aasfressern verborgen war. Vorsichtig legte ich Sammys Schwester hinein und fing an wieder die Erde darauf zu werfen. Sammy saß auf der anderen Seite des Grabes und begann mit seiner Nasenspitze auch immer wieder etwas Erde in das Loch auf seine tote Schwester zu stupsen.

Er war wohl einverstanden damit, dass wir seine Schwester hier vergruben. Zum Ende hin, nahm ich noch zwei Stöcke und versuchte ein Kreuz daraus zu basteln. Hier war Sammy aber anderer Meinung. Er versuchte jedes Mal das Kreuz, welches ich in die Erde gesteckt hatte herauszuziehen und auf den Boden zu schmeißen. Also legte ich das Kreuz auf das Grab.

Sammy war das aber auch nicht recht und er versuchte nun das Grab wieder aufzubuddeln. Ich ließ ihn machen, denn letztendlich wollte er nur einen der Stöcke vergraben, damit seine Schwester auch ein Spielzeug im Grab hatte. Jedenfalls war das meine Interpretation und die ist – geschissen auf alle wissenschaftlichen Meinungen – richtig!

Zumindest die leere Leine hinterließ ich auf dem kleinen Grabhügel und machte mich dann mit Sammy wieder auf den Rückweg zu meinem Bus. Sammy sah richtig niedergeschlagen aus, als er so neben mir her trottete. Aber beim Überqueren der Straße war er so vorsichtig, dass er sich schon hinsetzte, als ich noch gar keine Anstalt gemacht hatte stehen zu bleiben. Er lernte halt schnell, mein kleiner Sammy.

Zurück im Campingbus organisierte ich ihm erstmal eine Schale mit Wasser und etwas Wurst und Käse aus meinem Proviant. Begierig aß und trank er alles auf. Nun interessierte er sich auch für meinen Campingbus, da dort wohl das gelobte Land mit Wasser und Essen lag. Er sprang zur Schiebetüre hinten hinein und erkundete erstmal jede Ecke und Nische.

Auf mein Bett konnte er nicht hochspringen. Die Höhe schaffte er mit seinen kleinen Beinchen noch nicht. Dafür sprang er aber auf den Sitz und machte es sich gleich gemütlich. Ich wollte aber noch etwas weiterfahren. Rund 10 Kilometer von hier hatte ich auf der Landkarte einen geeigneten Platz für die Nacht gefunden.

Ich schloss die Schiebetüre und setze mich auf den Fahrersitz. Sofort sprang Sammy auf und suchte sich den Weg auf den Beifahrersitz. Er wollte jetzt ganz nah bei seinem neuen Herrchen bleiben. Aber der Beifahrersitz war irgendwie nicht richtig für ihn. Er stand auf, drehte sich, legte sich wieder hin. Das ganze wieder von vorne und dieses Mal anders herum. Ich nahm meinen Pullover, den ich irrsinnigerweise bei diesen sommerlichen Bedingungen dabei hatte und legte ihn zu Sammy auf den Sitz.

Nun sah die Sache gleich ganz anders aus. Sammy zog sich den Pullover zurecht und ließ sich dann mit einem Plumps darauf fallen. Sein Platz!

So war es dann auch für den Rest meines Urlaubs. Sammy und ich wurden die besten Freunde. Während der Fahrt saß er auf meinem Pullover auf dem Beifahrersitz und nachts schlief er, nachdem ich ihn hochgehoben hatte, am Fußende meines Bettes.

Tagsüber gingen wir viel zusammen spazieren, erkundeten die Landschaft und hatten viel Spaß zusammen. Nur wenn ich einkaufen musste, war er nicht so begeistert, wenn er draußen oder im Bus warten musste.

Sammy hatte mittlerweile soviel Vertrauen zu mir, dass er während der Fahrt meistens ein Nickerchen machte. Als wir aber auf der Rückfahrt nach zwei Wochen Urlaub an der Stelle vorbeikamen, an der wir uns getroffen hatte, schaute Sammy aus dem Fenster auf die Stelle im Wald, an der wir seine Schwester begraben hatten. Ein kurzes leises Bellen. Sammy schaute mich an und vergrub seine Nase wieder in meinem Pullover.

Tiere, auch wenn sie noch so klein sind, haben mehr drauf, als wir ihnen wohl zutrauen würden. Sammy lebt auch heute noch bei mir und ist mein ständiger Freund und Begleiter.

Mamma mia, Italia!

Es war Sommer und unser letzter gemeinsamer Familienurlaub stand an. Obwohl meine beiden Kinder Silvia und Jens bereits in der Lehre waren, hatten wir einen Zeitraum für zwei Wochen im Sommer für einen gemeinsamen Urlaub finden können. Ein letztes Mal wollten wir alle zusammen auf dem Campingplatz in Italien Urlaub machen. Seit frühester Jugend fuhren wir schon zum Camping mit unserem guten alten Wohnmobil an die Adria.

Es war alles gepackt und abfahrbereit. Mein Mann hatte dieses Mal sogar einen kleinen Anhänger organisiert, auf dem wir unser übergewichtiges Gepäck – unsere Kinder brauchten inzwischen mehr als nur Badesachen – unterbringen konnten. Er meinte, dass es für ihn kein Problem ist. Man müsse halt etwas langsamer fahren. Also fuhren wir an einem schönen Julitag bei strahlendem Sonnenschein los.

Unsere Route führte uns auf der A7 in Richtung Bodensee. Früher fuhren wir zwar immer über den Brenner, aber dieses Jahr waren Bauarbeiten und lange Staus angekündigt. Am Bodensee besorgten wir uns auch gleich eine Vignette für die Österreichische Autobahn, die wir zwar nur sehr kurz benutzen und für die Schweizer Autobahn. Wir wollten über den San Bernadino und dann über Chiasso in Italien einfallen.

Leider passierte meinem Mann hierbei bereits das erste Missgeschick. In Österreich mag es vielleicht in Ordnung sein, dass wir nur eine Vignette für unser Wohnmobil hatten, zumindest wurden wir nicht kontrolliert, aber in der Schweiz war die Regelung so, dass auch unser Anhänger eine Autobahnvignette brauchte. Dies stellten wir aber erst kurz vor dem San Bernadino Tunnel an einer Polizeikontrolle fest. Eine für uns recht teure Kontrolle...

Auf der anschließenden Fahrt ins Tal machten wir an einem schönen Rastplatz halt. Es waren öffentliche Toiletten, Tische und Stühle und ausreichend Mülleimer vorhanden. Ein sehr gepflegter Platz mit guter Aussicht. Der Platz lag in einer Kehre am Hang, sodass wir etwas unterhalb von unserem geparkten Wohnmobil Rast machten. Als wir zurück gingen, merkten wir gleich, dass die Plane, mit der wir den Anhänger abgedeckt hatten, nicht mehr so saß, wie wir sie hinterlassen hatte. Ein Langfinger hatte sich eine Reisetasche von Silvia unter den Nagel gerissen.

Aus Sicht meines Mannes sollte das nicht tragisch sein, da unsere Tochter für zwei Wochen vier (!) Taschen gepackt hatte, aber Silvia sah das etwas anders. Selbst ein gestandener Seemann wäre bei diesem Fluch-Festival rot angelaufen.

Es nutzte nichts, wir fuhren weiter. Wir waren ja noch nicht mal in Italien...

Zwei Kurven weiter sahen wir dann die Tasche von Silvia im Straßengraben. Durchgewühlt, aber wohl größtenteils noch komplett. Abermals verfluchte meine niedliche, kleine Tochter (das bleibt sie in den Augen der Mutter wohl ewig) die einheimische Bevölkerung.

Wir ließen die Alpen hinter uns und kamen nun in den Mailänder Ballungsraum. Wie zu erwarten staute es sich nun nach der Grenze bei Chiasso bereits das zweite Mal am heutigen Tage. Aber wir waren bereits in Italien und man konnte das Meer riechen. Vielleicht waren es aber auch nur die Abgase der anderen im Stau Stehenden.

Es war nur eine Mautstelle, an der es sich gestaut hatte. Mein Mann Michael fuhr in eine für PKWs gedachte Spur, da er zu spät erst erkannt hatte, welche Spuren für Wohnmobile und Gespanne vorgesehen waren. Vielleicht war es zu eng oder er hatte sich verschätzt. Unser Wohnmobil bekam jedenfalls einen kräftigen Kratzer an der Fahrerseite, als er die Betonbegrenzung streifte. Ich mochte gar nicht daran denken, was diese Reparatur wieder kosten würde. Jedenfalls waren wir nicht die Ersten, die an dieser Stelle hängen geblieben waren. Das verrieten bereits die anderen „Kampfspuren".

Die Laune war aber trotz diesem Unfall noch einigermaßen gut im Camper, da es doch in den Urlaub ging. Dies änderten auch die teuren Preise an der nächsten Raststätte nicht. Dieses Mal blieb wenigstens einer von uns am Wohnmobil, damit uns nicht wieder etwas abhandenkommen konnte, aber viermal Kaffee und jeweils ein belegtes Brot waren hier nicht zu Discountpreisen zu bekommen.

Wir hatten es nun nicht mehr weit auf unseren Campingplatz, den wir seit Jahren öfters schon angefahren waren. Wir kannten die Strecke ab hier wieder und da der Zielort nahte, nahm es Michael auch mit dem Tempo nicht mehr so genau.

Vor einer kleinen Ortschaft, in der wir schon öfters mal Wein gekauft hatten, blitzte es plötzlich auf der rechten Seite am Straßenrand auf. Oh, ein Urlaubsfoto! Na eigentlich kannten wir den starren Kasten, der schon seit einigen Jahren dort aufgestellt war, aber bisher blieben wir immer kostenneutral an dieser Stelle. Nun finanzierten wir halt mal die Kommune mit. Es waren zum Glück nur mickrige 15 km/h, die wir zu schnell waren.

Nach all diesen Missgeschicken erreichten wir dann unseren Campingplatz, auf dem wir vorab bereits gebucht hatten. Beim Einchecken wurden wir aber darauf hingewiesen, dass ein Unwetter vor ein paar Tagen Teile des Platzes in Mitleidenschaft gezogen hatte. Dies bedeutete, dass unser Platz nicht mehr zur Verfügung stand. Wir konnten ersatzweise nur einen Platz in der gleichen Reihe bekommen, der aber nicht annähernd so schön war, wenn man von der direkten Anbindung an die Müllentsorgungsstation absah. Außerdem wurde uns noch ein Upgrade auf den letzten Platz in der ersten Reihe angeboten. Dies war zwar fast doppelt so teuer, aber wir willigten ein, da wir unser Grillgut nicht mit den an den Mülltonnen beheimaten Schmeißfliegen teilen wollten.

Als wir dann am Abend vor unserem Camper mit einem Glas Wein in der Hand saßen, war fast alles vergessen, was wir heute erlebt hatten, wäre Jens, seines Zeichens angehender Steuerfachmann, nicht auf die schlaue Idee gekommen unsere ganzen Extrakosten von der erhöhten Maut, der daraus resultierenden Strafe, Schäden an der Mautstation und der teureren Parzelle zusammen zu addieren. Im Prinzip war eigentlich die Urlaubskasse am ersten Abend leer. Aber so wollten wir nicht auf die nächsten zwei Wochen schauen.

Das Wetter war sehr angenehm, wie man es auch in Italien erwartet. Michael und ich schmorten regelmäßig am Strand und die Kinder waren tagsüber immer irgendwo unterwegs. Einmal sahen wir Jens mit irgendeinem Mädchen händchenhaltend am Pool und ein anderes Mal sahen wir Silvia wohl mit einem Einheimischen wild knutschend unter einem Baum sitzen. Zumindest abends fanden sich dann wieder alle am Camper ein. Michael und ich genossen den Wein, während Silvia und Jens sich die Finger an ihren Handys wundtippten.

Leider waren die zwei Wochen viel zu schnell vorbei und es stand die Abreise an. Jens hatte in den zwei Wochen nach eigenen Angaben zwei feste Freundinnen gefunden, wobei er mit der Ersten Schluss gemacht hatte. Sie war bereits wieder in Deutschland. Seine zweite feste Freundin stammte aus Holland, wie wir erfuhren. Ein blondes Mädchen mit einem lustigen Akzent. Wir mögen ja die Niederländer, wenn sie deutsch sprechen. Es hört sich immer so niedlich an. Aber immerhin können fast alle Niederländer auch deutsch. Andersrum gibt es da deutlich Verbesserungspotential.

Jens wollte sich mit ihr auch weiterhin treffen. Es lagen ja dann nicht mehr die Alpen dazwischen. Es blieben nur rund 500 km zwischen unserem und ihrem Wohnort. Er würde das schon irgendwie hinbekommen meinte er. Nun gut.

Etwas kritischer war es mit Silvia. Sie hatte sich in Mario verliebt. Mario war ein junger Mann, der hier auf dem Platz als Animateur arbeitete. Er durfte sich sicherlich nicht mit Touristinnen einlassen, jedoch nahm er diese Anweisung nicht sehr ernst. Was auch immer er Silvia versprochen hatte, sie wollte hierbleiben. Einen Job als Animateurin annehmen und bei Mario wohnen.

Rums! Das saß. Silvia war 19 Jahre alt und hatte gerade erst eine Ausbildung als Konditorin angefangen. Sie stand nun Hand in Hand mit Mario vor uns und teilte uns mit, dass sie ihre Lehre kündigen und hier bei Mario bleiben würde.

Das Problem mit Mario war, dass er kein Deutsch konnte und neben seiner

Muttersprache nur ein sehr Italo gefärbtes Englisch. Silvia hätte fast ihren Schulabschluss aufgrund ihrer Englischnote nicht bestanden. Die Beziehung hatte also ein leichtes Kommunikationsproblem.

Mit Engelszungen versuchten wir Silvia von dem Unterfangen abzuraten, doch ihr Sturkopf ließ einfach nicht nach. Sie lud ihre Taschen aus, die dann Mario tragen durfte und düste wutentbrannt ab. Sie war volljährig. Was konnten wir machen?

Kurz vor der Abfahrt fanden wir sie nochmals an der Rezeption. Sie hatte tatsächlich einen Job als Animateurin bekommen und konnte anfangen auf dem Campingplatz zu arbeiten. Alles andere mit den ganzen Papieren war jedoch noch offen. Es würde schon eine Lösung geben, meinte sie und verabschiedete sich dann doch herzlich mit einer festen Umarmung von uns. Sie wisse genau, dass Sie mit Mario hier glücklich werden würde.

So fuhren wir nur zu dritt mit unserem Wohnmobil und dem Anhänger, der nun eigentlich überflüssig war, los. Ständig fragten wir uns, ob wir noch irgendetwas hätten machen können, um unser Kind vor diesem bescheuerten Unterfangen zu bewahren, aber das erledigte sich nach ca. einer Stunde fahrt, als mein Handy klingelte und unsere schluchzende Tochter anrief.

Mario hatte schon eine andere, einheimische Freundin und seine Mutter hätte sie aus dem Haus geworfen. Auf dem Campingplatz könne sie auch nicht anfangen, da es wohl doch Probleme mit den fehlenden Papieren gab. Wir sollten Sie bitte schnell wieder abholen, da sie nie wieder dieses Land betreten wolle.

Ich hatte noch nicht mal richtig aufgelegt, als Michael schon das Steuer herumriss, um zu wenden. Dies war jedoch etwas zu ruckartig gewesen, denn unser kleiner Anhänger riss sich von der Kupplung los und überschlug sich mehrfach bis er rund 100 Meter weiter in einem kleinen Bach zum stehen kam. Er sah so von weitem noch recht gut aus. Als wir aber näherkamen, sahen wir, dass die Achse völlig verbogen war. Wir schnappten uns unser Gepäck und Michael schraubte noch das Nummernschild ab. Den Anhänger mussten wir wohl seinem Kumpel neu kaufen, denn eine Bergung sah ziemlich unmöglich aus.

Wir hatten durch den Zwischenfall natürlich einiges an Zeit eingebüßt, weshalb Michael – jetzt ohne Anhänger – diese wieder hereinholen wollte. So kam es, dass in der kleinen Ortschaft vor unserem Campingplatz es erneut von der rechten unteren Seite am Fahrbahnrand ein Blitz das Innere unseres Campers erhellte. Niemand von uns sagte etwas, aber insgeheim hoffte ich, dass man auf den Bildern wenigstens anhand unserer Bräune einen Unterschied zwischen vor und nach dem Urlaub erkennen konnte. Dieses Bild würde auch deutlich teurer werden, wenn man bedenkt, dass wir hier innerorts mit knapp 80 km/h im Tiefflug unterwegs waren.

Silvia wartet bereits vor dem Eingangstor zum Campingplatz und warf drei ihrer vier Taschen einfach hinten in das Wohnmobil und setzte sich schweigend neben ihren Bruder. Ihre Augen waren von Tränen angeschwollen und sie deutete mir an, dass sie jetzt noch nicht sprechen wollte. Auf ihre vierte Tasche hatte sie wohl verzichtet. Warum auch immer.

Relativ schweigend fuhren wir wieder über die Alpen zurück in Richtung Deutschland. Aber es passte zu diesem Urlaub, dass wir kurz nach der deutschen Grenze in eine Verkehrskontrolle kamen, bei der wir mit unserem Wohnmobil auf die Waage mussten. Klar, auf der Hinfahrt hatten wir noch einen Anhänger für das Übergewicht. Jetzt aber nicht.

Es kam wie erwartet, wir hatten deutlich zu viel geladen und das lag nicht an der Kiste Wein, die wir jedes Mal aus dem Urlaub mitbrachten. Das Übergewicht war ziemlich genau das Gewicht von Silvia, Jens und mir. So warteten wir an der Kontrollstation, während Michael auf dem nächsten Postamt versuchte unser Gepäck zu verschicken. Leider klappte das nicht so richtig und er kam mit einem Anhänger aus der in der Nähe gelegenen Anhängervermietung zurück. – Gut, auch eine Lösung.

Er konnte sogar mit der Anhängervermietung eine Kaufoption für den Anhänger heraushandeln, sodass wir im Nachhinein den Anhänger kaufen und Michael seinem Kumpel als Ersatz zurückgeben konnten.

Dies war mit großem Abstand der teuerste Urlaub, den wir jemals hatten. Für dieses Geld, welches wir für Strafen, Schäden und Sonstiges ausgaben, hätten wir uns eine 4-wöchige Luxuskreuzfahrt in der Karibik leisten können. Aber wenigstens hatten wir die Erinnerungen behalten. Die konnte uns keiner mehr nehmen…

Die „Happys"

Mit meiner Familie wollte ich aufgrund des Feiertags ein langes Wochenende auf dem Campingplatz verbringen. Gesagt, getan. Am Platz hatten wir uns bereits vorab telefonisch angemeldet und uns wurde auch gleich mitgeteilt, dass es etwas lauter werden könnte, da sich bereits ein Campingclub ebenfalls für das lange Wochenende angekündigt hatte. Das störte uns aber nicht besonders, da wir mit zwei kleineren Kindern unterwegs waren und somit nicht geräuschempfindlich sind.

Als wir dann endlich nach 5 Stunden Fahrt auf der Autobahn mit den natürlichen Einwänden von der Rückbank (ich habe Hunger, ich habe Durst, ich muss mal,...) ankamen, wollten wir nur noch schnell eine Parzelle beziehen und dann die Beine hochlegen.

Der Platz war ideal für Kinder. Animation (Freibrief für Eltern!), riesengroßer Spielplatz und mehrere Pools boten genug Beschäftigung für die lieben Kleinen. Der Platzwart meinte nur, dass wir uns in einer Ecke des Platzes eine Parzelle aussuchen durften, aber dass der Campingclub bereits teilweise angekommen ist und noch weitere Clubmitglieder im Tiefflug seien. Eine genaue Parzelle wurde uns aber nicht zugeteilt.

So kam es, dass wir uns einen hübschen Platz aussuchten, der nicht zu weit von den Sanitäranlagen und nicht zu nah am Entsorgungszentrum lag. Auch die Kinder konnten schnell zum Spielplatz sausen.

Wie schon erwähnt wollten wir noch nicht groß aufbauen, sondern erstmal ein Bierchen trinken. Die Kinder waren ja schon auf Erkundung. Wir stellten nur einen Tisch und vier Stühle heraus und tranken unser erstes Bier.

Ein Nachbar, der offensichtlich auch zum Club gehörte, meinte noch, dass wir ihn hier nicht stören würden. Der Club war schnell zu erkennen. Jeder Caravan oder jedes Wohnmobil des Clubs war entweder durch eine Clubfahne oder durch riesige Aufkleber auf den Fahrzeugen gekennzeichnet. Die „Happys" stand ganz groß zu lesen. Nach meinen Englischkenntnissen würde die Mehrzahl zwar „Happies" heißen, aber mein letzter Englischtest war auch schon über 30 Jahre her.

Den Strom hatte ich bereits eingesteckt und war nun mit der Gießkanne dabei Wasser für unseren Tank zu holen, als ein dickbäuchiger

Mitsechziger mit Rauschebart wutentbrannt auf mich zukam.

„Was soll das? Verschwindet hier. Hier ist nur der Club zugelassen!"

„Uns hat aber der Pächter gesagt, wir können uns hier in der Ecke eine Parzelle aussuchen", verteidigte ich mich.

„Das interessiert mich nicht, was der Clown da in seinem Büro sagt. Ihr packt jetzt zusammen und verschwindet hier. Wir haben reserviert!"

Interessant war auch, dass auf der Clubfahne noch der Zusatz stand: „Die freundlichen Camper". Ok, dass triff wohl nicht auf alle zu...

Da dieser dickbäuchige Waldschrat sich auch in der Lautstärke profilieren wollte, schreckte das auch noch andere Camper auf. Zwei Plätze neben uns war auch noch ein Nicht-Clubmitglied aufgestellt. Er kam auch dazu und meinte, dass ihm der Platzwart ebenfalls gesagt hätte, dass er sich hier aufstellen dürfe.

„Das interessiert mich alles nicht! Wir haben hier 100 Stellplätze reserviert und somit müsst ihr verschwinden!"

Der direkte Nachbar von uns, wie bereits erwähnt auch ein Happys, kam dazu und meinte, dass es doch gar nicht stört, da doch noch genügend Parzellen frei sind.

„Hier geht es ums Prinzip. Ich will, dass die hier verschwinden. Wir wollen hier in Ruhe feiern."

Wieder ein Ausspruch, der mich nachdenklich machte. In Ruhe feiern? Ein Campingclub? Das wäre ja geradezu das erste Mal, dass ich sowas erleben würde.

„Dann hol doch den Platzwart, die Security oder die Polizei. Sollen die doch die Sache klären." Ich war jetzt auch nicht bereit klein beizugeben. Wäre ich vernünftig angesprochen worden, dann wäre ich sicherlich bereit nochmal umzuparken, da es wie gesagt noch genügend Platz gab. Aber so…

„Das kannst du haben!"

Nun kam noch ein weiterer Happys dazu, der wohl offensichtlich in einer Führungsposition war.

„Was ist denn hier los?"

„Die haben sich hier einfach auf unsere Parzellen gestellt!"

Dieser neue „Offizielle" machte einen vernünftigen Eindruck. Er sprach viel ruhiger und schob den dickbäuchigen Gartenzwerg beiseite.

„Also wir haben hier 100 Parzellen reserviert und möchten als Club auch gerne zusammenstehen. Im Moment ist es noch so, dass noch nicht alle Clubmitglieder da sind, aber es sollte trotzdem vom Platz her noch für uns reichen. Aber bitte habt Verständnis, dass es abends bei uns immer recht lange geht und das eine oder andere Bier auch noch nach der Nachtruhe getrunken wird."

„Okay", sagte ich, „meine Kinder schlafen recht früh und ziemlich fest. Ich kann damit leben und vielleicht trinken wir ja auch mal ein Bier zusammen."

„Sehr gut. Dann ist das Problem ja gelöst."

Der dickbäuchige Grandler schaute seinen Chef fassungslos an: „Du kannst doch die hier nicht stehen lassen. Die gehören nicht zu uns."

Der Chef hatte sich schon umgedreht und ging wieder zu den anderen zurück, während der dickbäuchige Tunichtgut immer noch versuchte auf ihn einzureden.

Wir blieben also. Auch der andere Nicht-Happys setzte sich wieder auf seinen Liegestuhl unter seiner Markise. Auch er wollte nicht den Platz wechseln.

Dafür kam jetzt unser Nachbar-Happys zu uns: „Entschuldigung für die Unannehmlichkeiten. Der Piet ist halt so. Der muss immer mit dem Kopf durch die Wand. Mich stört sein Verhalten schon länger. Meinst du, wir können zusammen gleich mal ein Bier trinken?"

„Aber gerne." So stelle ich mir einen Club mit „freundlichen Campern" vor.

Der Platz füllte sich nach und nach und es blieben am Abend nur noch ganz wenige Parzellen frei, die dann als Parkplätze für die Autos umfunktioniert wurden. In der Mitte wurde eine Art Festzelt aufgebaut, in dem Biergarnituren positioniert wurden. Also dieser Club war jetzt nicht der Kleinste.

Wie wir es schon erwartet hatten, kamen unsere Kinder völlig K.O. vom Spielplatz zurück. Neue Freunde kennengelernt, Pläne für den nächsten Tag und überhaupt. Es gab noch schnell ein Abendbrot und schon lagen die Kinder in ihren Kojen.

Unsere Nachbarn, sie stellten sich uns als Willi und Elvira vor, luden uns noch ein mit in das Clubfestzelt zu kommen. Für ein, zwei Bier war das für uns in Ordnung. Wir wollten natürlich nicht, dass die Kinder aufwachten und wir waren nicht in der Nähe oder alkoholisch abgeschossen.

Wir hatten uns gerade an einen Tisch mit Willi und Elvira gesetzt, als der dickbäuchige Piet das sah. Durch das halbe Festzelt brüllte er, dass wir gar keine Happys sind und hier verschwinden sollten.

Im gleichen Moment hatte er von einer Dame, die neben ihm stand ein volles Glas Bier ins Gesicht geschüttet bekommen.

„Halt die Backen, Piet. Setz´ dich hin und trink dein Bier. Aber vorher hol´ mir ein Neues!"

Piet war hochrot angelaufen aber folgte den Anweisungen dieser Frau. Sehr skurril dieser Piet…

Wir erlebten einen schönen Abend. Aus den ein, zwei Bier wurden dann doch eher drei oder vier Bier, jedoch konnten wir uns noch rechtzeitig vor einem Totalabsturz abseilen. Unsere Kinder schliefen noch, sodass wir unser

Fernbleiben auch nicht vor ihnen rechtfertigen mussten.

Es war vielleicht so gegen 4 Uhr in der Frühe, als wir von lautem Motorengeheule aufgeweckt wurden. Meine Frau schob etwas den Vorhang zur Seite und konnte gerade noch sehen, wie ein orangener Kleintransporter mit gelbem Blinklicht mit völlig überhöhtem Tempo über den Platz schoss.

Keine 5 Minuten später ging das gleiche wieder retour. Allerdings klappte wohl dieses Mal die Vollbremsung auf dem Rasen nicht. Jedenfalls hörten wir eine Art Einschlag, bevor der Motor verstummte.

„Na hoffentlich ist da nix passiert."

„Werden wir morgen sehen."

Am nächsten Morgen zeigte sich das Bild. Es war, wie fast schon zu erwarten, Piet, der seinen eigenen Wohnwagen demoliert hatte. Die Eingangstüre war nach innen verbogen und sein orangener Transporter stand immer noch unverändert halb in der Türe. Jedenfalls konnte man in den Wohnwagen so weder rein noch rauskommen. Piet schlief vor seinem Wohnwagen im Campingstuhl.

Später bekamen wir dann mit, dass mehrere Happys versuchten die Türe notdürftig zu reparieren, während Piet teilnahmslos daneben saß. Der gestern noch so besonnene Offizielle redete sehr wütend und mit hochrotem Kopf auf Piet ein, der immer noch nicht wirklich reagierte. Leider konnten wir die Dialoge nicht richtig verstehen, da die Entfernung zu weit war. Aber man konnte auch so erkennen, dass die Happys gerade nicht so happy mit Happy-Piet waren.

Das Wochenende plätscherte so vor sich hin. Morgens verabschiedeten sich die Kinder, um nur zum Mittagessen kurz aufzuschlagen und dann abermals bis zum Abend zu verschwinden. Die Happys feierten abends und die halbe Nacht und nüchterten tagsüber – mit teils mäßigem Erfolg - wieder aus.

Willi und Elvira tranken noch das eine oder andere Bierchen mit uns, bis am letzten Abend der Höhepunkt anstand. Leertrinken! Wir klinkten uns rechtzeitig aus, während Willi und Elvira nochmals extrem am Pegel schraubten.

Piet war nicht mehr zurechnungsfähig. Man hatte ihm wenigstens wohl den Autoschlüssel weggenommen, da er noch mehrmals auch tagsüber versuchte mit seinem Auto Richtung Sanitäranlage zu fahren.

Während wir am Sonntag erst am frühen Nachmittag fahren wollten, damit die Kinder nochmals schön im Pool spielen konnten, baute der Club sein Festzelt ab und die ersten Mitglieder verließen den Platz. Es wurde laut gejohlt und sich tränenreich in den Armen gelegen. Viele Mitglieder tauschten auch die Fahrzeuge, bzw. die Beifahrerinnen.

„Komm´ ich fahre bei dir mit, dann können wir nochmals über das Vorzelt diskutieren."

Dies und Das waren zu hören. Jedenfalls wurde wohl kräftig getauscht.

Auch einige Kinder waren bei den Happys dabei, die mit unseren Kindern von der Campingplatz-Animation bespaßt wurden. Diese verteilten sich nun auch auf die Autos, wobei noch etliche Kinder auf dem Spielplatz zu sehen waren.

Immer mehr Happys waren bereits unterwegs. Jedoch kam kurz vor Mittag plötzlich Unruhe auf. Willi und Elvira, die auch noch da waren, teilten uns mit, dass es unweit vom Campingplatz eine Alkoholkontrolle durch die Polizei gab. Schnell hatte sich das über die Handys der Happys verbreitet.

Fünf Führerscheine sollten wohl schon in Gefahr sein. Meistens konnten wohl aber die Partnerinnen nach einem Fahrerwechsel weiterfahren, aber bei einem Gespann gab es wohl auch diese Möglichkeit aufgrund der Promillegrenze nicht. Irgendwie wurde aber doch noch jemand gefunden, der nüchtern genug war, um auch dieses Partyvolk nach Hause zu fahren.

Als gegen 14 Uhr auch für uns die Abreise anstand, waren bereits bis auf zwei wütende Ehefrauen und 6 heulenden Kindern alle Happys verschwunden. Irgendwas hatte wohl beim Wechselspielchen nicht ganz geklappt. Jedenfalls tauchte irgendwann, wir waren gerade selber schon abfahrbereit, zumindest ein Wohnmobilfahrer auf, der eine Frau und 4 Kinder abholte. Wie das mit den verbliebenen Happys ausgegangen war erlebten wir nicht mehr mit, da wir auch noch 5 Stunden Fahrt vor uns hatten.

Obwohl uns angeboten wurde ebenfalls in den Club einzutreten, brauchten wir nicht lange um uns dagegen zu entscheiden. Es mag zwar mal ganz lustig sein so ein Fest mitzuerleben, aber wir fahren lieber weiterhin alleine mit unseren Kindern zum Camping.

Das Zelt im See

Es war Anfang der 90er Jahre, als meine Clique und ich die Sommerferien am Strand verbringen wollten. Ich war gerade mal unschuldige 15 Jahre alt und durfte das erste Mal ohne Eltern mit meinen Kumpels auch über Nacht auswärts bleiben.

Wir wohnten damals ca. 500 Meter vom Bodensee entfernt. Unsere Siedlung war nur durch einen kleinen Wald und 100 Meter Höhenunterschied getrennt vom Ufer. Es führte ein Fußweg direkt von unserer Siedlung entlang eines Baches hinab, der uns eine rasche Versorgung mit plötzlich benötigten Lebensmitteln gewährleistete. Einige meiner Kumpels waren schon älter und hatten Autos, mit denen noch schnell mehr Bier, Chips und was man sonst noch als spätpupertierendes Miststück so brauchte, besorgt werden konnte. (Für den Klosterschüler: KONDOME)

Im Keller fand ich noch ein nettes Iglu-Zelt, welches für 3 Personen angedacht war. Nach kurzer Überprüfung und Probeaufbau vor unserem Haus konnte ich zufrieden feststellen, dass alle notwendigen Stangen und Planen noch da waren. – Eingepackt, meins!

Zusätzlich organisierte ich noch eine 2x2 Meter Luftmatratze, sowie eine Isomatte und einen Schlafsack. Alles war mal in früheren Zeiten von meinen Eltern angeschafft worden. Wobei wir mit der Familie nie richtig campen waren. Wir waren mehr in Ferienwohnungen. Doch dieses Mal wollte ich bei uns mit den Kumpeln am Strand ein Zeltlager aufbauen. Natürlich war es offiziell verboten wild zu campen, aber das störte uns nicht. Sollte doch die Rennleitung kommen, dann könnten wir immer noch abbauen.

Nachdem ich nun Zelt, Luftmatratze, Isomatte und Schlafsack hatte, musste ich mich noch um die Verpflegung kümmern. Die liebevoll geschmierten Wurstbrote von meiner Mutter versteckte ich ganz unten in meinem Rucksack. Das war jetzt nicht so cool, wenn meine Kumpels Butterbrote bei mir sehen würden. Auch die Flasche Orangensaft wurde schnell mit Klamotten im Rucksack überdeckt. Viel wichtiger war mir mein Biervorrat. Jetzt hatte ich aber das Problem, dass ich erst 15 war und nicht an Bier herankam. Damals war der Alkoholverkauf erst ab 18 Jahren erlaubt. Zum Glück hatte ich aber meinen Papa. Meine Mutter war eher ängstlicher und gar nicht so richtig begeistert von meiner Übernachtungsplanung, aber Papa richtete das schon. Er fuhr mich sogar mit dem Auto zum

Strand. Er war es auch, der mir ohne das Wissen meiner Mutter noch zwei Kästen Bier spendierte.

Als wir endlich unten am See ankamen, waren wir nicht die ersten. Mein Vater half mir noch die ganzen Sachen (und natürlich das Bier) auszuladen und die paar Meter zum Strand herüber zu tragen.

Nun muss man sich den Strand am Bodensee nicht unbedingt wie an der Nord- oder Ostsee vorstellen. Es gab kaum Sand, sondern nur grobe Kieselsteine. Das bedeutete, dass man unter sein Nachtlager unbedingt etwas Laub oder mehrere Isomatten packen musste. Von Prinzessin auf der Erbse war man trotzdem meilenweit entfernt.

Mein Papa schaute sich nochmal um, wer sonst noch so von meinen Kumpels da war. Die meisten kannte er zumindest vom Sehen. Er schaute sich auch die anderen Zelte an. Manche waren richtig groß, dass man darin stehen konnte. Die anderen Zelte waren aber eher klein. Sogar kleiner als mein Iglu-Zelt.

Als mein Papa dann noch meinen Biervorrat abstellte, ging ein anerkennendes Raunen durch die Runde. Tja, mein Papa war halt doch der Chef... Zum Abschied sagte er noch, dass er mir eine Taschenlampe eingepackt hätte, falls ich nachts doch lieber durch den Wald nach Hause kommen wollte. Das war aber wohl eher utopisch aus meiner Sicht.

Papa fuhr wieder und ich baute mein Zelt auf. Geübt hatte ich zwar schon, aber als mein bester Kumpel Stefan mir zur Hilfe kam, ging es nochmal deutlich schneller. Blöd war nur, dass ich nicht an eine Luftpumpe gedacht hatte, da eine 2x2 Meter Luftmatratze doch einiges an Anstrengungen kosten könnte. Zum Glück hatte ein anderer Kumpel daran gedacht und half mir aus.

Das kostete schon mal das erste Bier für Stefan und Andreas. Ich hielt mich natürlich auch unbeschadet…

Diese 2x2 Meter Luftmatratze war ein super Teil. Sie passte mit etwas quetschen genau in mein Zelt hinein und die anderen schauten schon recht neidisch. Mein Zelt hatte bald den Ruf eines Liebesbettes weg, da einige sich schon ausmalten, wo sie zumindest stundenweise die Nacht mit der Freundin verbringen wollten.

Also feste Freundinnen waren bei meiner Clique eher untypisch. Natürlich gab es immer den einen oder anderen, der sich im Sommer fest liiert hatte, doch in der Regel passierte so etwas eher im Winter, wenn es keine Touristinnen mehr im Strandbad gab. Die Hoffnung war nun, dass die Mädchen, die wir bereits aus dem Strandbad kannten und noch ein paar andere lose Freundinnen, die wir angesprochen hatten, heute Abend hier eintrudeln würden. Lange war es nicht mehr bis dahin. Es war schon gegen 6 Uhr, als wir soweit für die Nacht fertig aufgebaut hatten. Es kam aber immer wieder noch einer dazu, der natürlich überschwänglich begrüßt wurde. Immer wenn alle zusammen anpackten, war ein Zelt im Handumdrehen aufgebaut. Am Ende standen dann 14 Zelte am Strand. Und das war nur unsere Party.

Überall am Strand von der Fähre bis zu den Pfahlbauten im Nachbarort waren alle paar Meter Jugendliche zum Feiern am Strand. Nachts konnte man von der anderen Seeseite ein Lagerfeuer neben dem anderen sehen. Dieses Jahr waren wir nun auch dabei. Mein Freund Stefan und ich waren die jüngsten bei uns, aber das störte uns nicht. Wir waren genauso akzeptiert in der Clique wie auch alle anderen.

Als es dunkel wurde, war auch unser Lagerfeuer an und Thomas, der Sohn unseres Metzgers, hatte von daheim eine Megapackung Bratwürste mitgebracht. So war es eben damals. Philipp, der Sohn eines Bäckers, hatte dafür gesorgt, dass jemand aus der Bäckerei uns morgens frische Brötchen vorbeibringen würde und somit würden wir bestimmt nicht verhungern.

Je später es wurde, desto mehr Leute fanden sich bei uns ein. Es waren doch eine ganze Menge an Mädchen gekommen und so musste ich aufpassen, dass keiner außer mir meine Luftmatratze benutzen würde.

Mein Biervorrat war leider schon gegen Mitternacht erschöpft, aber es gab zum Glück auch andere Freigeister, die ihrerseits ihre Vorräte an Gerstensaft mit der Gruppe teilten. Wir hatten eine tolle Stimmung und gingen nach und nach erst gegen 4 oder 5 Uhr in unsere Zelte. Nicht alle alleine.

Unsere Brötchen wurden noch vor 7 Uhr geliefert, denn das war normal für eine Bäckerei. Philipp war wohl noch wach und nahm die Lieferung in Empfang. Er warf jedem von uns 2 Brötchen ins Zelt, ohne darauf zu achten, ob jemand schlief, Beischlaf hatte oder in anderen Situationen war.

Erst am späten Vormittag waren wieder alle soweit fit, dass wir mit den inzwischen eingetroffenen Polizisten sprechen konnten.

Wie erwartet mussten wir innerhalb einer halben Stunde alle Zelte abbauen und den Strand ordentlich hinterlassen. Die ersten Badenden waren schon da. Meistens Familien mit Kindern.

Wir bauten noch halb benebelt und todmüde unsere Zelte ab und verstauten sie in zweien der Autos von unseren Kumpeln. Die Polizei war solange dageblieben und kontrollierte unseren Abbau. Just in diesem Moment kam auch mein Vater vorbei. Es war schließlich Samstag und er brauchte nicht arbeiten. Er erschrak, als er die Polizei bei uns sah und sprach auch gleich einen der Polizisten an, was hier los wäre.

Der Polizist erklärte ihm das und gab ihm auch gleich den Hinweis, dass er davon überzeugt wäre, dass heute Abend alle Zelte wieder aufgebaut wären. Mein Vater war soweit beruhigt, dass hier nichts Schlimmes passiert war. Er fragte mich noch, ob alles okay sei, worauf ich ihm antwortete, dass wir leider kein Bier mehr hätten. Er lachte nur und meinte, dass ich dafür wohl dann selber mein Taschengeld ausgeben müsste. Fahrzeuge von Kumpeln waren ja genügend vor Ort.

Das sahen auch die Polizisten und ermahnten uns, dass wir eher später als früher die Autos bewegen sollten, da doch sicherlich noch eine Menge Restalkohol im Blut sei. Nun nach der zügigen Abbauaktion waren wir schon gefühlt wieder bei 0,0 Promille, aber besser hörte man auf die Ordnungsmacht.

Als sich die Lage wieder beruhigt hatte, setzen wir uns erstmal alle wieder an den Strand. Diejenigen, die gerade erst aufgestanden waren, aßen ihre Brötchen und die anderen schmiedeten schon Pläne:
„Ihr habt schon gehört, dass der Polizist gesagt hat, dass er glaubt, dass alle Zelte heute Abend wieder aufgebaut sind?"

Soweit hatte ich ehrlich gesagt noch gar nicht gedacht. Wir hatten Wochenende, Ferien und eine Menge Zeit, die noch nicht verplant war.

„Dann bauen wir heute Abend wieder auf und setzen unsere Party fort?"

Alle waren natürlich damit einverstanden und nun begann die Lebensmittelplanung. Wieviel Bier konnte herangeschafft werden, klappte es wieder mit Würstchen und Brötchen? Brötchen zu den Würstchen wäre auch kein Fehler... Wo Würstchen waren, da gab es sicherlich auch Steaks... Ideen waren da und die Umsetzung wurde nun in die Hand genommen. Leider gab es Anfang der 90er Jahre noch keine Handys und so mussten wir immer direkt zu unseren „Lieferanten". Schließlich konnten wir durch gezielte Überredungskünste soweit unser Proviant heraushandeln. Diesmal war es Stefans Vater, der uns zumindest einen Kasten Bier spendierte. Die anderen 3 Kästen wurden durch eine Kollekte im Getränkemarkt erstanden.

Der Tag wurde mit Müßiggang und Baden am Strand überbrückt und schon bald nachdem die ersten Familien ihre Sachen zusammengepackt hatten, nahmen wir wieder den Strand in Beschlag und bauten unsere Zelte auf. Dieses Mal durchaus routinierter und schneller. So fand auch diesen Abend wieder eine Party statt, die am nächsten Morgen von der Polizei beendet wurde.

Wir waren am Vorabend noch mehr Leute gewesen. Es hatte sich herumgesprochen, dass man bei unserer Clique gut feiern konnte. So beschlossen wir, wie am Vortag ebenfalls die Party am Abend wieder neu aufleben zu lassen.

Zu unseren Gunsten hatte es sich ergeben, dass nun auch andere Jugendliche, die dazugestoßen waren, Bier mitgebracht hatten. Dies schonte unsere Geldbeutel und es war ja auch nicht spaßig, wenn andere sich bei uns durchschnorrten.

Wir feierten somit jeden Tag weiter. Abends Aufbau, feiern, trinken und im Zelt schlafen. Morgens unsanft von der Polizei geweckt werden, Abbau, Sonnenbad und plantschen, Bier für den Abend besorgen und weiter feiern.

Das ging nun so seit zwei Wochen. Meine Eltern hatten mich nur noch sehr selten gesehen. Ich kam ab und zu mal vorbei, um mir neue Klamotten zu holen und etwas Geld aus meinem Taschengelddepot zu bunkern. Immer kam die Frage von meinem Vater:
„Geht´s noch?"

Und meine Antwort war regelmäßig: „Ja, geht noch!"

Er machte sich keine Gedanken, denn er wusste ja wo ich war und dass ich nicht über die Stränge schlagen würde. Das war nicht mein Naturell.

Es stand wieder ein Wochenende an. Es war das dritte oder vierte Wochenende. So genau wusste ich das nicht mehr. Am Wochenende waren immer noch mehr Leute da als sonst. Dieses Mal waren aber einige ältere Jugendliche da, die ich nicht kannte. Sie waren auch nicht mehr an Bier interessiert, sondern hatten sich Schnaps, Wodka und andere hochprozentige Getränke mitgebracht.

Stefan und ich merkten schnell, dass es dieses Mal wilder werden würde. So kam es auch. Schon bald stand der Erste im Zelt von Andreas. Es war größer als meins und man konnte dort drinnen auch aufrecht stehen. Dieser Typ benutzte das Zelt nun als Toilette. Das war sehr ekelig und Andreas war verständlicherweise sehr sauer. Die Meute aber fand das unheimlich cool in das Zelt zu pinkeln und machten das auch. Andreas sein Zelt war nun offiziell das Toilettenzelt.

Es wurde weiter das hochprozentige Zeug getrunken. Auch Stefan und mir wurde das untergejubelt. Wir bekamen gar nicht mehr mit, wieviel wir schon getrunken hatten. Stefan konnte sein Zelt auch nicht mehr benutzen, da sich immer wieder irgendwelche Pärchen darin verlustierten. Er wollte die Nacht mit mir in meinem Zelt verbringen. Das war schon okay, da mein Zelt recht großzügig war und er seinen Schlafsack noch retten konnte.

An diesem Abend war nichts mehr wie an den Abenden davor. Die Älteren übernahmen immer mehr das Kommando. Unsere Musik, welche die letzten Wochen immer sehr angesagt war, fand plötzlich jeder lahm und es wurde Techno gespielt.

Der übermäßige Alkohol hatte uns Jüngeren doch sehr zugesetzt, dass wir so früh wie sonst nicht im Zelt verschwanden. Wir ließen aber die Eingangstüre offen, damit wir uns schneller nach draußen zum Erbrechen begeben konnten. Doch dazu kam es nicht.

Wir waren beide recht schnell eingeschlafen und merkten nicht, dass unser Zelt von den anderen vorsichtig angehoben wurde. Wie schon erwähnt passte meine Luftmatratze perfekt in das Zelt hinein und das erwies sich nun als Glück. Die alkoholisierte Meute setzte unser Zelt samt Luftmatratze mit uns darauf in den See und ließ uns treiben.

Wir merkten nichts von unserer Situation, da das Plätschern durch den Strand sowieso schon gegeben war und das Schwanken von den Wellen auch alkoholbedingt sein konnte. Ich wusste nicht, wie lange wir schon auf dem See herumtrieben, jedenfalls hörte ich irgendwann einen Motor auf uns zukommen.

Im Halbschlaf griff ich nach der Taschenlampe von meinem Vater, die immer unter meinem Kopfkissen lag und leuchtete zum Zelteingang, der immer noch offenstand. Ich erschrak augenblicklich bei dem Anblick, der sich mir bot. Durch den offenen Zelteingang sah ich überall Wasser und im Scheinwerferkegel ein Boot auf uns zukommen.

Ich versuchte mit der Taschenlampe herumzufuchteln, um Aufmerksamkeit beim Bootsführer zu erlangen. Es war bestimmt schon gegen 5 Uhr, denn die Morgendämmerung hatte schon eingesetzt. Die Motordrehzahl wurde weniger und das Boot trieb nun mit verminderter Geschwindigkeit auf uns zu und kam dann neben dem Zelteingang zum Stehen.

„Ihr habt euch aber einen interessanten Campingplatz ausgesucht."
„Äh, wo bin ich," stammelte Stefan, der nun auch wach war.
„Ihr seid mitten auf dem See. Macht ihr das öfters?"
„Öhm, nö, eigentlich nicht. Kannst du uns ans Ufer bringen?"
„Klar, aber dafür solltet ihr lieber ins Boot kommen. Ich bin dann übrigens Sascha."

Wir stellten uns auch vor, obwohl uns der Schädel gewaltig brummte. Sascha half uns ins Boot zu steigen, obwohl das gar nicht so einfach war. Schwer betrunken auf einer schwankenden Luftmatratze, die mitten auf dem

See trieb. Schließlich hatten wir es dann doch geschafft und Sascha band das Zelt, welches durch die Luftmatratze immer noch wie eine Eins stand, hinter seinem Boot fest.

„Wo kommt ihr eigentlich her?"
„Aus Meersburg und da sollten wir auch wieder hin, wenn es sich einrichten lässt. Und wo sind wir hier überhaupt."
Sascha lachte: „Ihr seid einmal über den See getrieben. Nicht mehr lange und ihr wärt in der Fährenlinie gewesen. Dann hätte euch wohl die Wasserschutzpolizei geborgen. Die sind übrigens bei solchen Abenteuern nicht zum Spaßen aufgelegt."
„Wir sind auch nicht freiwillig auf hoher See unterwegs. Die Deppen müssen uns ins Wasser gesetzt haben, als wir schliefen."
„Ach gehört ihr zu dem Partyvolk von da drüben?"

Wir nickten und Sascha lachte. Er sagte uns noch, dass er Sportangler sei und morgens immer zum Angeln auf dem See ist. Uns war gar nicht bewusst, wieviel Glück wir in unserer Situation hatten.

Sascha brachte uns an unseren Partystrand, an dem inzwischen niemand mehr wach war. Wir borgten uns einen großen Eimer Wasser mit zwei von Sascha gefangenen Aalen und trugen sie zu den Rädelsführern, die sich auf unsere Party eingeschlichen hatten. Sie lagen auf Decken am Strand und ohne Zelt über sich. Mit einem Ruck entleerten wir den Eimer mit den Aalen auf die Gesichter der Partycrasher.

Sofort standen Sie schreiend senkrecht. Die Aale hatten sich über ihre Gesichter schlängelt und ihren natürlichen Schleim dort hinterlassen. Plötzlich erwachte der Strand wieder zu Leben. Alle kamen teils aus ihren Zelten hervor oder richteten sich von ihren Decken auf. Nachdem die Meute mitbekommen hatte, was gerade passierte, brachen die meisten, die schon wieder nüchtern genug waren, in lautes Gelächter aus.

Sascha sammelte seine beiden Aale wieder ein und packte sie zusammen mit ausreichend Wasser in den Eimer und stellte sie in sein Boot, mit dem er am Strand angelegt hatte. Wir nahmen unser Zelt in Empfang und legten uns ganz cool und souverän auf unsere Luftmatratze, um weiter zu schlafen. Das Zelt war von innen trotz der Überfahrt immer noch erstaunlich trocken.

Sascha hatte sich für den kommenden Abend auch angesagt, sofern die Vollidioten nicht mehr dabei sein würden. Diese Vollidioten hatten aber wohl im Laufe des Abends bei allen aus unserer Clique sämtlichen Kredit verspielt und waren nicht mehr willkommen bei uns. Nachdem wir dann später begleitet durch die Polizei wieder die Zelte abgebaut und abends wieder aufgebaut hatten, ging dann auch die nächste Sause weiter.

Im Laufe des Sommers war meines nur eines von 4 Zelten, welche die gesamte Sommer-Party-Saison überlebt hatten. Andreas sein Toilettenzelt war das Erste, welches wir nicht mehr aufbauten und in den Müll warfen. Einige andere Zelten wurden undicht und eines brannte sogar wegen eines versehentlich darauf geworfenen brennenden Marshmallows ab.

Zum Ende der Sommerferien wussten wir aber, dass wir einen unvergesslichen Sommer hinter uns hatten. Im nächsten Jahr wollten wir zwar wieder durchstarten, aber irgendwie ergab es sich nicht mehr so richtig. Dieser Sommer war einfach einzigartig.

Aus Einsam wird Zweisam

Seit vielen Jahren bin ich jetzt schon verwitwet und fahre seitdem mit meinem Wohnmobil durch Europa. Da ich finanziell solide aufgestellt bin, konnte ich bereits mit 50 Jahren den Ruhestand genießen. Leider konnte das meine Frau nicht mehr miterleben, da Sie bei einem Autounfall kurz vorher ums Leben kam. Aber seitdem mache ich das Beste daraus und genieße mein Rentnerdasein.

Nachdem ich mir erst im Herbst Griechenland angesehen hatte, wollte ich nun im Frühjahr, in Deutschland war es noch kalt und regnerisch, die iberische Halbinsel erkunden. Mein Plan war es entlang der Mittelmeerküste an Gibraltar entlang, durch Portugal und dann an der Biskayaküste bis zu den Pyrenäen zu fahren.

So tingelte ich angefangen mit einer ersten Übernachtung in Zentralfrankreich in mein erklärtes Urlaubsgebiet. In der Nähe von Tarragona wollte ich die ersten Nächte in Spanien verbringen.

Auf dem Platz war doch wider Erwarten einiges los um diese Jahreszeit. Es war Mitte Januar und viele Überwinterer hatten sich hier eingefunden. So nah hinter der französischen

Grenze hatte ich das noch nicht erwartet. Ab Denia dann aber eher schon. Nun ja, ich fand trotzdem einen schönen Platz. Nicht direkt in der ersten Linie zum Meer, aber auch nicht direkt an der Eisenbahnlinie, die den Platz auf der anderen Seite begrenzte. Für eine Woche buchte ich mich ein.

Das Wetter spielte mit, sodass ich ausgedehnte Strandspaziergänge machen konnte. Badewetter hatten wir im Januar zwar noch nicht, aber mein Felix wollte trotzdem ins Wasser springen.

Felix war seit einigen Jahren mein treuer Begleiter. Auf vier Pfoten und mit immer aufmerksamem Gemüt bewachte er mich nachts und bekam dafür tagsüber mehr Streicheleinheiten, als er eigentlich wollte. So war es ein Geben und ein Nehmen.

Mein treuer Begleiter liebte das Wasser und vor allem den Strand. Manchmal sprang er auch mit einem Stock im Maul in das Meer und kam dann hustend wieder heraus, da er zu viel Wasser geschluckt hatte. Felix halt...

Es war der dritte oder vierte Abend auf dem Campingplatz, als mir eine Frau auffiel, die augenscheinlich im gleichen Alter wie ich sein musste. Sie saß im Campingplatz-Restaurant ein paar Tische weiter und hatte einen Rotwein vor sich stehen. Sie war in ein Buch vertieft, welches ich auch schon gelesen hatte. Ich erkannte das Titelbild sofort wieder.

Am nächsten Abend das Gleiche. Sie saß wieder mit einem Rotweinglas ein paar Tische von mir entfernt. Einmal schaute sie auf und nickte mir lächelnd zu. Wahrscheinlich hatte ich zu lange zu ihr herübergesehen. Ich merkte, wie ich rot anlief, nahm aber einen Schluck aus meinem Bierglas und versuchte nicht wieder zu ihr herüber zu schauen. Naja, hatte nicht so funktioniert.

Ein paar Minuten später schaute sie abermals zu mir herüber. Verdammt, ich wollte doch nicht die ganze Zeit zu ihr herüberstarren... Wieder lächelte sie und las in ihrem Buch weiter. Ich trank mein Bier aus und ging zu meinem Wohnmobil.

Am nächsten Abend war sie leider nicht mehr da und dies war mein letzter Abend auf diesem Platz. Schade, ich hätte sie gerne kennengelernt und biss mir selber in den Allerwertesten, dass ich sie nicht gleich angesprochen hatte.

Am nächsten Morgen packte ich meine sieben Sachen zusammen und meldete mich an der

Rezeption zum Bezahlen. Dort sprach ich noch beiläufig mit der Angestellten, die sehr nett war und ausgezeichnet Deutsch sprach, über meine weitere geplante Tour. Sie meinte nur, dass ich da einen sehr interessanten Trip vor mir hätte und warnte mich gleich, dass die schönen Campingplätze im Süden alle mit Rentnern, die den Winter in Spanien verbringen wollten, überfüllt wären. Aber das war mir nicht so wichtig. Ich konnte auch mal auf einen Platz im Hinterland ausweichen. Ich wollte einfach nur das Klima genießen, mir Land und Leute ansehen und mit Felix herumtoben.

Während ich so gerade durch die Schranke fuhr und den Platz verließ, sah ich die Frau aus dem Restaurant wieder. Sie sah mich auch und winkte mir kurz zu. Ob ich sie je wiedersehen würde?

Ich fuhr bis kurz vor Valencia und hatte dieses Mal unverschämtes Glück, dass gerade nach einem Streit ein Dauercamper vom Platz geflogen war. Hierdurch bekam ich für eine Woche einen Platz in der ersten Reihe, da der potentielle Nachfolger, die Plätze waren mit Wartelisten für längere Zeit ausgebucht, nicht so schnell seinen Platz wechseln konnte.

Ich hielt an, öffnete die Türe und schon war Felix im Meer. Typisch. Ich richtete noch die

Auffahrrampen aus und steuerte vorsichtig darauf, um das Wohnmobil in die waagerechte zu bekommen. Schon stand Felix wieder vor mir. Er schüttelte sich und nun hatte ich auch ein Gefühl für die Wassertemperatur. Pitschnass war ich und konnte mich gleich umziehen. Zum Glück war das nicht tragisch, da ich sowieso in kurze Klamotten wechseln wollte. Hier in Valencia war es doch schon etwas wärmer.

Felix und ich tobten wie üblich über den Strand und kamen erst am späten Nachmittag wieder zum Wohnmobil zurück. Mein Vierbeiner brauchte aber nur wenige Minuten an seinem Kauknochen, um wieder restlos fit zu sein. Nicht aber sein Herrchen. Wie jeden Abend nahm ich ihn wieder an die Leine und wir gingen zum Campingplatzrestaurant. Ich war mal gespannt, welches Bier hier im Angebot war.

Für mich war es über die Jahre eine Passion geworden, die verschiedenen einheimischen Biersorten durchzuprobieren. In Spanien war das aber meistens sehr eintönig, da die lokale Brauerei dann doch wieder einen landesweiten Vertrieb hatte. Von den angebotenen Tapas war ich aber dann doch recht angetan und bestellte zweimal Nachschub.

Am nächsten Morgen kam ich vom Waschhaus zurück und sah an der Rezeption gleich drei Neuankömmlinge eintrudeln. Ich war also doch nicht der Letzte. Vom Gefühl her reisen die Rentner meistens bereits Anfang November an und blieben bis Ende März/Ende April im spanischen Winterlager. Es gibt bestimmt auch einige andere Nomaden wie mich, aber das sollten wohl nicht so viele sein.

Natürlich hatte keiner der Neuankömmlinge auch nur annähernd das Glück wie ich in die erste Reihe zu kommen. Die hinteren Stellplätze waren nicht ganz so schön. Wenigstens waren Sie noch innerhalb des Campingplatzgeländes, was nicht überall so ist.

Vielleicht hätte ich gleich genauer hinsehen sollen, denn in einem der drei neu hinzugekommenen Camper war auch die Frau vom letzten Campingplatz. Dies merkte ich aber erst später.

Kochen war nicht meine Stärke und so zog es mich meistens in die umliegenden Restaurants, um mir etwas zu suchen. Die Tapas waren zwar am Campingplatz vortrefflich, aber ich wollte auch noch was anderes sehen und nahm Felix an die Leine um mit ihm in die Stadt zu ziehen.

Wir waren etwas außerhalb von Valencia und so war die „Stadt" eher eine kleine Vorstadt. Egal, auch hier gab es genügend Möglichkeiten. Zwar mochte ich es mehr, wenn ich im Hinterland in kleinere Restaurants gehen konnte, in die auch Einheimische gerne gehen, aber hier war erstmal alles auf Touristen getrimmt.

Nach dem Essen machten Felix und ich wieder unseren ausgeprägten Strandspaziergang, der aber nicht so sehr in der Nähe des Campingplatzes stattfand. Erst zum Abend hin trudelten wir dort wieder ein.

Ich schloss gerade das Wohnmobil auf, als ich merkte, dass Felix gar nicht zu seinen Näpfen hinein wollte, sondern sich interessiert umgedreht hatte. Ich drehte mich ebenfalls um und da stand sie.

„Hallo, ich kenne sie doch vom letzten Campingplatz", sprach sie mich an.

Mir verschlug es die Sprache und ich bekam einen trockenen Mund. Zum Glück fing ich mich aber schnell wieder

„Stimmt, sie sind die Dame mit dem Buch und dem Rotwein aus dem Restaurant. Das ist ja ein Zufall, dass sie auch hier sind."

„Ja genau. Ich habe sie schon heute Morgen gesehen, als ich ankam."

„Ich bin gerade mit Felix vom Spaziergang zurück und wollte im Restaurant zu Abendessen. Wollen sie mitkommen? Die Tapas sind echt empfehlenswert."

„Ok, da komme ich gerne mal mit. Wir müssen ja das Wiedersehen feiern. Übrigens können wir auch gerne das lästige „sie" weglassen. Ich heiße Sabine."

„Oh, das ist natürlich gerne angenommen. Ich bin Andreas und das Wollknäul hier ist Felix."

„Hallo Felix, hallo Andreas. Dann wollen wir mal ein schönes Plätzchen finden."

So saß ich diesen Abend mit Sabine und Felix bei Tapas im Campingplatz-Restaurant. Es stellte sich heraus, dass Sabine ähnlich wie ich, ebenfalls ein Single war und auch mit dem Camper den Winter im Warmen verbringen wollte. Allerdings hatte sie nicht ganz soviel Zeit wie ich, da sie noch nicht ganz in Rente war. Und sie war nicht verwitwet, sondern getrennt lebend, wie sie mir versicherte.

Wir waren die letzten Gäste, als uns der Wirt darauf aufmerksam machte, dass er jetzt schließen würde. Für den nächsten Tag hatten wir uns da aber schon längst verabredet.

Es vergingen die Tage und Sabine und ich trafen uns nicht nur zum Abendessen, sondern begleiteten auch Felix bei seinen Spaziergängen zusammen. Aber dann kam der letzte Abend für mich auf dem Campingplatz. Sabine hatte zwei Wochen gebucht und konnte/wollte noch nicht weiterziehen. So tauschten wir die Handynummern aus und verabschiedeten uns. Irgendwo wollten wir uns mal wieder auf einem Platz treffen. Es war ja erst Januar und wir hatten noch ein paar Tage Winter vor uns.

Mein nächstes Ziel war Gibraltar. Zumindest in der Nähe von Gibraltar wollte ich etwas finden. Leider klappte es nicht so ganz und ich fuhr doch noch etwas weiter in Richtung Portugal. Kurz vor der Grenze, es war schon recht spät, entschied ich mich dann doch für einen Platz.

Felix war sofort in den Sanddünen unterwegs und fand auch schnell das Meer. Es war ein sehr kleiner Campingplatz, der vielleicht noch nicht mal offiziell als Campingplatz registriert war. Das war uns aber egal. Es war gemütlich. Felix hatte sein Meer und ich genug Bier im

Kühlschrank. Ein Restaurant oder ähnliches gab es hier nicht. Dafür war die Herzlichkeit hier größer. Der Platzbesitzer hatte einen alten Kiosk aufgebaut, vor dem noch ein paar Holzbänke standen. Hier konnte ich mein Bier trinken und mit den anderen 5 Campern, mehr waren nicht da, fachsimpeln über Gott und die Welt.

Als ich mich dann zu nächtlicher Stunde zurückziehen wollte, kontrollierte ich noch kurz die Nachrichten auf meinem Handy und tatsächlich hatte Sabine geschrieben. Sie saß wieder bei einem Rotwein im Restaurant und vermisste die netten Gespräche mit mir. Ich schrieb ihr noch schnell zurück, auf was für einem Platz ich gelandet war und legte mich dann auch schlafen.

Am nächsten Tag zog es Felix wieder ans Meer und mich hinterher. Hier war es so angenehm, dass ich sogar für ein paar Schwimmzüge meinen Felix begleitete. Dummerweise meinte Felix nun, dass ich für ihn eine Badeplattform sei und er versuchte immer wieder auf meinem Rücken sich niederzulegen. War bloß ziemlich ungeschickt während des Schwimmens. Also beendete ich mein Bad und legte mich an den Strand zum Trocknen. Es dauerte nicht lange, ich war gerade schön abgetrocknet, als Felix meinte, dass er sich an mich anschmiegen musste. Und wieder war ich nass.

So lag ich hier in der Sonne. Felix tobte immer mal wieder im Meer herum, um mich danach wieder nass zu machen, bis ich irgendwann einschlief. Ich wachte erst wieder auf, als ein Schatten in der Sonne stand. Ich öffnete die Augen und eine wunderschöne Frau stand im Bikini vor mir.

„Hallo Andreas, darf ich mich zu dir legen?"

Es war Sabine. Jetzt mit so wenig Bekleidung viel mir erst ihre sagenhafte Figur auf. Man darf es zwar so nicht sagen, aber für ihr Alter hatte sie sich gut gehalten.

„Was machst du denn hier? Ich dachte, du hättest noch eine Woche in Valencia?"

„Ja, dass schon, aber ich konnte mich nicht mehr auf mein Buch konzentrieren, der Wein war langweilig und ich habe sowieso nur an dich gedacht. Da konnte ich auch gleich dir hinterherfahren."

„Jetzt bin ich aber platt."

Sie legte sich neben mich und wurde auch sofort von Felix überschwänglich begrüßt. Wir unterhielten uns den restlichen Nachmittag noch sehr intensiv und saßen auch den ganzen Abend zusammen. Die nächsten Tage waren wir unzertrennlich und sicherten uns auch gegenseitig zu, dass wir nun eine Beziehung führten. Wir waren uns nur noch nicht sicher, ob es sich um eine Urlaubsromanze handelte oder ob es sich auch langfristig ergeben würde. Zumindest war ich nicht gänzlich abgeneigt.

Wir zogen dann im Wochentakt von Campingplatz zu Campingplatz weiter und unsere Beziehung intensivierte sich von Tag zu Tag. Selbst unsere Schmutzwäschen wuschen wir zusammen in einer Waschmaschine.

Leider waren auch unsere gemeinsamen Spanientage gezählt und der Winter neigte sich dem Ende zu. Zuhause würden wir uns wohl nicht mehr so häufig sehen, denn zwischen unseren Wohnorten lagen rund 300 km Entfernung.

Unser letzter gemeinsamer Campingplatz für diesen Winter war in der Nähe von Bilbao. Sabine musste zu Ihrer Arbeitsstelle zurück und ich hatte noch etwas Zeit. Es war Ende März und der Wetterbericht für Deutschland war eher unterdurchschnittlich angenehm.

Zum Abschied küssten wir uns nochmals innig, bis ich nur noch den Rücklichtern ihres Wohnmobils nachsehen konnte. Auch Felix saß traurig neben mir. Er hatte sich auch sehr an Sabine gewöhnt. Schließlich wurde er von ihr auch regelmäßig mit Leckerlis versorgt.

Wir schrieben uns jeden Abend per Handy. Ich war noch die Biskaya-Küste hochgefahren und schaute mir dort die Gegend und die Campingplätze an. Die berühmte Wanderdüne wollte ich unbedingt mit Felix erklimmen. Mein Ziel war es noch bis Brest zu fahren und dann über Paris wieder in die Heimat zurückzukehren.

Es war ein wunderschöner Tag Ende April, als ich bei mir in die Straße bog. Ich konnte meinen Augen nicht trauen, als ich direkt vor meinem Haus Sabines Wohnmobil stehen sah. Wir hatten uns zwar täglich geschrieben, sie wusste auch, wann ich wieder zuhause sein wollte, aber sie hatte mir kein Wort darüber gesagt, dass sie schon dort auf mich warten würde.

Überglücklich fielen wir uns in die Arme und auch Felix versuchte bellend an uns hochzuspringen.

„Es war so unerträglich ohne dich. Ich wollte einfach nur noch zu dir kommen", sagte sie mir in einer der wenigen Momente, in dem unsere Lippen gerade nicht aufeinandergepresst waren.

Das Ende vom Lied war, dass Sabine ihren Job kündigte und ebenfalls Rentnerin wurde. Ihr Rentnerdasein verbrauchte sie aber dann mit Felix und mir. Im Sommer in unserem Haus in Deutschland und die Wintermonate verweilten wir drei dann irgendwo in südlichen Gefilden.

Auch vom Autor erschienen:

Camping für Alle
Wünderling, Marc
6,99 € Buch, 100 Seiten

Verlag Twentysix.de
ISBN: 978-3-7407-7091-4

Überall, wo es Bücher gibt
oder direkt unter:
www.wuenderling.com

Beschreibung

Von den Arten des Campings bis zu den Individuen, die sich auf Campingplätzen tummeln. Alle möglichen Spezifikationen werden genaustens unter die Lupe genommen und durch den Kakao gezogen.

Ein literarisches Manifest für alle Campingfreunde oder die, welche es noch werden wollen.

Die Fachzeitung „Camping, Cars und Caravans" schrieb in Ihrer Ausgabe Mai 2021 als Buchtipp:

„Ein kurzweiliger, nicht ernstgemeinter Ratgeber für Campingfreunde. Auch alte Hasen finden sich vielleicht in der einen oder anderen Anekdote wieder. Der Autor erklärt Camping stets mit einem Schuss bissigem Humor und beantwortet Fragen aus dem alltäglichen Camperglück. Wer das Thema bierernst nimmt, ist für die Lektüre ungeeignet, denn Wünderling spielt mit fast jedem gängigen Klischee und hält so manchem Spiegel der Erkenntnis hoch."

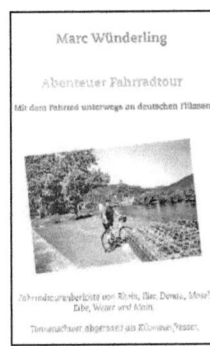

Abenteuer Fahrradtour

Untertitel: Mit dem Fahrrad
unterwegs an deutschen Flüssen
Autor: Wünderling, Marc

Medium: Buch, E-Book
Buch-ISBN: 9783740772703
E-Book-ISBN: 9783740741686
Ladenpreis (Buch): 11,99 EUR

Beschreibung:
Aufgrund einer dummen Wette bin ich in die Verlegenheit
gekommen mit dem Fahrrad vom Bodensee nach Rotterdam zu
radeln. Da ich so ziemlich überhaupt nicht fit war, bedurfte es
eines harten Trainings, welches mir die Durchführung der Tour
ermöglichen sollte. Nachdem der Rhein bezwungen war,
warteten noch weitere Flüsse auf mich.

Dieses Buch beinhaltet die spaßig geschriebenen Berichte über
meine Abenteuer an deutschen Flüssen, die ich größtenteils
alleine abradelte.

Bestellbar überall, wo es Bücher gibt oder direkt auf
www.wuenderling.com

Sponsoren:

Nevercomeback Airline – Unsere Spezialität sind One-way Flüge!!!

VHV – Vatikanische Holzfäller Vereinigung
„Wir fordern mehr Holz vor der Hütte."

Güllebräu GmbH – die Kuh kann mehr als Mich und Schnitzel

Reisetipp:
Camping auf der Insel Gáshólmur (Färöerinseln)
Genießen Sie die ursprüngliche Natur einer fast unberührten Insel im hohen Norden Europas. Anreise nur mit den Fischerbooten der Einheimischen möglich. Somit ist das Eiland absolut Auto- und abgasfrei. Die Unterbringung ist ein einem imaginären 5 Sterne Spa Resort geplant – irgendwann vielleicht.
Fließend Wasser: Definitiv mehrfach täglicher Niederschlag. Strom: Ist nicht wegen zuviel Niederschlag. Anmerkung der Lokalverwaltung: Zelten verboten.
Unser unschlagbarer Preis: Exklusiver Steh- oder Sitzplatz (bei Mitnahme eines Stuhls) 99,00 Euro/Person und Nacht. Anreise nicht inbegriffen. (Wir empfehlen die Nevcercomeback Airline) Buchen Sie das Wochenpaket für einmalige 799,00 Euro/Person und Nacht.
Dies ist ein Angebot von „Hau-bloß-ab Camping GmbH"